더 힐링파워

THE HEALING POWER
더 힐링파워

오오카와 류우호오 지음

가림출판사

©Ryuho Okawa 2015
Korean Translation ©Happy Science 2015
Original Japanese language edition published as
'The Healing Power'
by IRH Press Co., Ltd. in 2014

All Rights Reserved.
No part of this book may be reproduced in any form without the written
permission of the publisher.

책머리에

    인간은 후천적 학습이나 경험에 의해 상당히 경향성이 굳어지게 마련이다. 그 '마음의 경향성'이 고정되면, 경우에 따라서는 정신적인 고민을 넘어서 육체적 이변이 생긴다. 이것이 '병'으로 변하여 때로는 불치병이나 기이한 병의 증상으로 나타난다.

    현대의학에서도 표준치에서 벗어난 검사 수치를 찾아내고 병의 원인을 추정하여 치료에 임하는 것이 보통이다. 그러나 생각해 보면 마음이 중도(中道)나 진리에서 벗어난 것이 원인이 되어 일종의 생활습관이나 식습관이 균형을 잃게 되거나 일에 대한 과한 욕심으로 자신의 능력 이상의 버거운 짐을 계속 지기도 한다.

    행복의 과학 리딩에서도 특정한 원인을 알게 되면 그 때부터 병이 '낫기' 시작하는 일이 많다.

    본서의 간행으로 병원의 수입이 줄어들지도 모른다는 점은 미안하게 생각하지만, 정부의 복리후생비도 삭감될 뿐만 아니라 무엇보다도 병이 낫는 기쁨은 돈으로 환산하기는 어려울 것이다.

2014년 8월 2일
행복의 과학 그룹 창시자 겸 총재 오오카와 류우호오

CONTENTS

책머리에_9

1장 병을 고치는 마음의 힘

01 한 사람 한 사람에게 인생의 염마장이 있다_18
병이 낫는지 아닌지를 나누는 것은?_18
기적을 일으키기 위해 필요한 신앙심과 신앙공간_21
인생의 예정이 변경되는 일도 있다_22

02 병은 스스로 만들고 있다_25
의학 속에 남겨진 신의 영역_25
제행무상의 법칙 아래에 있는 인간의 몸_26
육체를 설계하는 유체란 무엇인가_27

03 병을 고치는 마음가짐이란_31
반성하는 마음과 감사하는 마음을 가진다_31
사랑하는 마음, 보은하는 마음, 감사하는 마음을 실천에 옮긴다_33
잠재의식을 사용해서 병을 고친다_36
자기변호를 그만두고 플러스의 마음을 택하는 요령_39

04 모든 병을 물리치는 명상법_42

05 행복한 노년을 보내려면_45
가족에게 폐를 끼치지 않고 대왕생을_45

건강하게 일한다는 미래 구상을 세운다_46

2장 병과 카르마 · 영적 장애에 대하여

01 병과 죽음도 인생계획 속의 자비_50
불교의 대전제로서 병과 죽음은 피할 수 없다_50
병에 의한 죽음은 일종의 자비다_52
병을 피하려면 이 세상적인 면도 개선해야 한다_53
현대 의학으로 고칠 수 없는 병에 사용되는 전생요법_55
과거세에 있었던 병의 원인을 알면 증상이 개선된다_57

02 카르마에 의해 일어나는 병이나 공포증_59
과거세와 관계된 인생의 대본이 있다_59
카르마의 법칙에 의해 전생의 보상을 한다_60
과거세와 같은 입장이거나 반대의 입장에 놓인다_62
혼 속에 있는 괴로움에 의해 육체가 변화된다_64
전쟁 등에 의한 커다란 카르마의 영향도 있다_70

03 전생요법이 간과한 영의 영향_71
인생의 괴로움은 과거세의 부채를 갚는 면이 있다_71
전생요법에서는 과거세와 빙의령이 혼동되고 있다_73
영적인 면에 대한 이해가 불충분한 전생요법_74

06 정신병은 악령 빙의에 의해 일어난다_76
빙의되면 그 영과 똑같은 병의 증상이 나타난다_76

정신분열증은 뇌의 병이 아니라 영적 장애이다_78
정신병원의 전기 쇼크는 악령떨이를 대신하는 것_79
정신병은 육체가 다른 영에게 점거된 상태_80
가족이나 선조의 불성불령이 장애를 일으킨다_82
극도의 영적 장애가 되면 이 세상과 저 세상의 구별이 되지 않게 된다_83
소악마나 마왕은 죽인다고 몇 번이나 말하며 자살을 부추긴다_85

05 악령 빙의에 대처하는 방법_86
진리지식의 부족과 자기중심으로 살아가는 모습이 헤매는 근본_86
헤매는 상대를 명확하게 알아서 공양하는 것이 효과가 있다_88
한 명을 설득하고 성불시키는 것은 힘들다_89
노력에 의해 중병이나 정신병이 나을 가능성은 있다_91
인생의 중대한 국면에서 좌절한 경우에 미치는 영향_93
불행한 병이나 정신병을 인생의 전환기라고 받아들인다_94

3장 병에 관한 질의응답

01 신앙의 기적으로 협심증이 나았다_98
병이라는 경험을 통해서 인생관이 바뀌는 경우도 있다_100
병드는 사람과 병이 낫는 사람의 차이_102
인생에 목표가 있으면 머리는 나빠지지 않는다_103
인간의 능력은 얼마든지 단련할 수 있다_105

02 **가까운 사람이 백혈병, 지방육종, 자궁암이 걸렸다**_108
　이 세상과 저 세상에 관해 최소한의 깨달음을 가진다_109
　병을 자신에게 주어진 과제라고 받아들인다_110
　병들었어도 생각을 플러스의 방향으로 향하게 하는 노력을_111
　엘 칸타아레 신앙을 가지고 그 신앙에 맡기는 마음을 만든다_112
　인생이 호전되는 밝은 미래 비전을 그린다_113
　능력과 적성에 맞지 않는 일을 재조정했더니 백혈병이 나은 사례_114
　병의 진정한 원인을 간파하여 아토피성 피부염이 나은 사례_116
　영적인 악영향을 제거하는 《불설 정심법어》의 공덕_117

03 **간호사에게 필요한 말의 힘이란**_119
　간호사가 환자에게 주는 영향력은 크다_120
　간호사는 환자를 격려하는 빛의 말을 건넨다_121
　40대 후반에 의학적으로는 거의 죽었던 적이 있는 나_122
　야간담당 간호사가 걸어주었던 잊을 수 없는 말_124
　의학잡지에 기적으로서 게재된 내 경험_126
・　병을 체험하는 의미_127
　마음의 힘, 말의 힘으로 병을 고치자_128

04 **《불설 정심법어》에 의한 병 치유의 기적**_130
　《불설 정심법어》를 써서 악령이 떨어지는 현상을 체험한다_130
　매일 불법진리를 접함으로서 어둠을 쫓아낸다_133
　다양한 기적 체험을 퍼뜨려 간다_134

천상계의 신, 고급령의 응원을 받아들이는 마음을_136

4장 병 리딩

01 아토피로 고민하는 남성을 리딩_140
20년 이상 아토피를 앓는 남성_140
원인은 책임감과 자립할 수 없도록 하는 마음_146
부모와 자녀 모두가 시원시원한 성격이 된다_149
어머니로서는 태평하고 좀 나쁜 아이라도 좋다고 생각할 것_150
아토피가 낫는 요점은 인생의 문제집에 마련되어 있다_152

02 알츠하이머병과 암에 걸린 친족 5명을 리딩_155
친척 5명을 암으로 여의고 알츠하이머병을 앓는 어머니가 계시다_155
천국에 돌아가지 않은 사람에게 유족이 취해야 할 것_157
알츠하이머병의 원인은 빙의_159
인생설계대로 임종이 다가온 사람에게 할 수 있는 운명 변경의 범위_161
선조 대대로 같은 방식으로 죽을 경우에는 빙의된 경우가 많다_164
인연이 있는 사람을 구할 수 있는 것은 지상에 사는 사람의 덕_165
자기자신을 로프가 달린 구명구라고 생각해서 덕을 닦을 것_167

03 몇 번이나 암에 걸리는 사람의 과거세 리딩_169

자궁체암의 수술 후 유방암의 가능성을 진단받은 여성_169
정의감이 강한 사무라이의 과거세_172
외과수술을 받음으로써 카르마를 거두어들이고 있다_173
금생에 닦아야 할 덕은 관용_175
자비의 마음, 사랑의 마음으로 이동하는 것이 중요_176

후기_178
신앙의 힘으로 병이 나았다!_180

1장

병을 고치는 마음의 힘

'기적의 암 극복법' 강의

01

한 사람 한 사람에게
인생의 염마장이 있다

병이 낫는지 아닌지를 나누는 것은?

본 장은 ≪기적의 암 극복법≫(행복의 과학 출판 간행)에 관한 강의이다.

행복의 과학에서는 지난 2, 3년간 '신앙심'을 높이도록 전체를 지도하고 있다. (신앙에 의해 병을 극복한 체험담을 모은 소책자 ≪병이 나았다!≫를 넘기면서) 그 방침에 따라 신앙심이 높아지자 병이 나았다고 하는 이야기가 많이 나오기 시작했다. 물론 신자의 병은 나을 것이다고 생각하고 있었지만, 신앙심과 병 쾌유(快癒)의 인과관계를 가르쳤더니 정말로 병이 낫는 사람이 차례로 나타나기 시작했다.

이 소책자를 읽어보니 내가 모르는 병까지 나은 사람이 있어서 다소 놀랍기는 하지만, 개별적으로 보면 놀라운 일이지만 전체적으로 보면 전혀 놀랄 일은 아니다.

또 〈더 리버티〉(2011년 3월호, 행복의 과학 출판 간행)에서는 '의사가 모르는 병 치료법'이라는 특집이 나왔는데 그와 같은 일은 자주 있다.

기본적으로 병원은 통계학으로 처리하며, 의사는 같은 연대(年代)의 남녀별 체중, 신장, 그 밖의 다양한 조건을 데이터로 보거나 여러 수치의 평균치를 보면서 평균치에서 벗어난 것, 이상이 있는 것을 나쁘다고 간주하여 그 치료에 임하는 것이다.

그리고 의사는 통계적으로 예측하여 '대체로 이 정도면 죽습니다'라고 말해준다. 냉철하고 냉정하게 '여명(餘命) 1개월, 3개월, 4개월, 반년, 1년'이라고 말해 주는데 정말 고마운 '신의 계시'이다. 의사는 점쟁이들 뺨칠만하게 신의 계시를 내려주는데, 그것은 통계적으로 보면 그렇게 될지도 모르지만 개개인에게는 맞지 않을 수도 있다.

그러면 왜 맞지 않는가에 대해 대학시험을 예로 들면서 말하겠다.

대학시험의 경우, 대형 학원에서는 모의시험을 치러서 '합격 가능성이 몇 퍼센트다'라는 판정을 내린다.

확실히 전체적으로 말하면 합격 가능성으로서 80%, 50%, 20%, 5% 등의 판정이 나오지만 개개인을 보면 결과는 가지각색이다.

5%나 0%의 판정을 받았는데도 합격하는 사람이 있는가 하면, 언제나 80%의 판정을 받았음에도 불구하고 합격하지 못하는 사람도 있다. 초등학교 1학년부터 6학년때까지 시험성적이 1등이었어도 실제 시험에서 떨어지는 사람도 있다.

개인적으로 보면 이런 일이 일어난다.

병에도 비슷한 면이 있다.

그것은 그 사람의 개별 데이터 속에 들어가지 않은 것이 있기 때문이다.

예를 들어 혈액검사 등에서 신체적으로 측정할 수 있는 데이터는 얻을 수 있지만 '머릿속에 들어간 내용' 즉, 그 사람이 가진 사상이나 사고방식 혹은 여러 가지 영적 영향은 데이터 속에 들어가지 않았다. 그 때문에 여기에 미지수가 남게 된다.

기적을 일으키기 위해 필요한 신앙심과 신앙공간

　최근 행복의 과학에서는 열심히 병 고치기를 하고 있는데 그것은 지부정사가 건립된 것과도 관계가 있다.
　병을 고치려면 신앙심의 확립이 매우 중요하며 믿으면 낫는 시간이 매우 빨라지는 것이다.
　그렇지만 여러 업체들이 들어간 빌딩 오피스 등을 빌려서 지부를 열면 다른 업체의 비즈니스 상념 등 잡다한 것이 들어오기 쉬워서 '완결된 신앙공간'을 만들기 어려운 면이 있다.
　비용을 많이 들일 수는 없지만 그와 같은 면이 있기 때문에 역시 자체 건물을 세울 필요가 있다. 그렇게 하면 거기에 완벽한 하나의 '신앙공간'이 완성되므로 기적이 일어나기 쉬워진다.
　욕심을 내서 불각(佛閣) 정도의 제대로 된 경내가 있으면 더 좋겠지만, 지금은 땅값이 비싸기 때문에 거기까지 비용을 부담하기는 어렵다.
　아무튼 '자체 건물을 갖는 것이 중요하다'는 것과 '가르침에 신앙심을 확실히 세운다'는 점이 병을 고칠 때의 효력에 대단히 크게 영향을 끼친다.
　예를 들어 《성서》 속에서 예수가 병을 고칠 때에는 병자에게 '내가 그런 일을 할 수 있다고 너는 믿느냐?'라고 묻는다. 그래서 병자가 '주여, 믿습니다'라고 말하면 예수가 '너희가 믿는 대로 되어라'라고 말하면 그 병이 낫는다. 즉, '신앙심이 있는가, 없는가'를 유일한 조건으로서 묻는 것이다.

그런 의미에서 신앙의 수준은 사람마다 다르겠지만, '신앙심이 얼마나 확고한가'에 따라 결과가 달라질 수 있다.

인생의 예정이 변경되는 일도 있다

물론 신앙심과 신앙공간에 더하여 본인 자신의 사고방식이나 정진도 영향을 끼치고, 지부장이나 도사 등의 정진 혹은 그들을 응원하는 지원령 등의 힘도 어느 정도 영향을 끼친다.

게다가 또 하나는 그 기원을 담당하는 천상계의 영인(靈人)이다. 내가 내려준 기원이나 기도 등에는 반드시 지도령이 있으므로 '지도령이 볼 때 어떻게 보이는가'라는 문제도 있다.

실은 여러분 개개인에게는 어떤 의미로 '인생의 염마장(閻魔帳)'*이 있다.

최근 페이스북의 창설자들을 묘사한 '소셜네트워크'라는 영

염마장 : 염라대왕이 죽은 사람에 대해 살아있는 동안의 행실을 적어 놓은 장부

화가 공개되었는데(2010년), 얼굴이나 이름 등의 개인정보를 알 수 있는 페이스북이 지금 유행하고 있다. 세계에서 6억 명 정도의 사람이 사용한다고 하는데(수록 당시), 천상계에도 개개인의 정보가 들어있는 페이스북이 있다.

행복의 과학 신자 여러분은 행복의 과학 기원을 받을 때가 있을 텐데, 예를 들어 ○○지부의 아무개 씨가 지금 '암세포 소멸 기원'을 받는 중이라고 하자.

이 경우, 천상계에서는 '아무개 씨? (페이지를 넘기는 행동을 하면서) 이 사람은 말이지……'라는 식으로 그 사람의 과거 정보와 '태어나기 전에 세운 인생계획에 의하면 앞으로 어떤 예정이 있는가'라는 정보가 한순간에 나온다.

더군다나 '그 예정대로 지도할 것인가, 예정을 변경할 것인가' 라는 판단이 아주 짧은 시간 동안에 내려지는 것이다.

그 예정을 변경할 경우에는 조금 전에 서술한 것처럼 여러 가지 요소가 관계된다. 그리고 '이 사람의 인생을 다소 손대도 좋은가 나쁜가, 바꿔 봤자 소용없는가? 역시 바꾸는 편이 좋은가'에 대한 판단이 내려지는 것이다.

다만 저 세상도 그렇게 나쁜 세계는 아니기에 저 세상에 돌아가는 시기를 늦추어 주었더니 가끔 본인이 화를 내는 경우가 있다. '예정대로 천상계에 돌아갈 수 있었는데 왜 10년이나 지상에 살게 만들었느냐! 노년에는 고생이 심했기에 예정대로 빨리 죽게 해 주는 편이 좋았다'라는 말을 하는 경우가 있어서 수명을 연장시켜서 반드시 감사받는다고는 할 수 없다.

그처럼 천상계는 일순간에 여러 정보를 종합해서 판단하는 것이다.

02

병은 스스로 만들고 있다

의학 속에 남겨진 신의 영역

중요한 일인데 '병은 기본적으로 스스로 만들 수 있다'고 알아두기 바란다.

지금 의학적으로도 거의 '원인불명'의 병이 많아 아직도 '왜 병이 생기는가'를 모르는 것도 있다.

또 현대 의학에서는 대장균 하나조차도 창조하지 못한다. 대장균, 필로리균조차 만들 수 없다. 그것들은 멋대로 만들어지는데 '왜 만들어지는가'는 모르는 것이다.

의사는 그것들을 죽이는 방법으로서 무엇을 주면 죽는가를 연구하지만, 왜 그런 것이 만들어지는가는 아직도 잘 모른다.

여러 가지 것이 만들어지고 있는데 이 부분에 아직도 '신의 영역'이 남아있는 것이다.

제행무상의 법칙 아래에 있는 인간의 몸

≪기적의 암 극복법≫(앞에서 서술)이나 다른 서적에도 썼는데, 인간의 몸은 머리카락부터 두개골, 내장, 손톱까지 대체로 1년 이내에는 거의 모든 것이 새롭게 만들어진다. 실제로 1년도 걸리지 않고 반년 만에 바뀌는 일이 많은데, 이런 현상은 쉽게 이해하기는 어려울 것이다. 어떻게 뼈가 다 새롭게 바뀌는지 이쪽이 묻고 싶을 정도이다. 결코 오래된 뼈를 빼내고 새로운 뼈를 넣는 것이 아니다.

최근에는 건물을 리모델링하는 새로운 기술이 여러모로 발달되어 호텔도 영업을 하면서 일부를 리모델링한다든지, 학교에서도 수업을 하면서 부분적으로 고쳐 가는 공사가 이루어진다.

보통은 학교를 헐고 임시건물에서 수업을 하면서 완전히 새로 짓는 형태였지만, 최근에는 수업을 받으면서 부분적으로 고치는 기술이 발달한 것이다.

그처럼 인간의 몸도 보통 활동을 하면서 1년 만에 기능이 전부 새롭게 바뀌어 무엇이든 다 바뀌는 것이다.

따라서 1년 이상 계속해서 어떤 병을 앓고 있다면 일부러 병을 계속해서 만들고 있다는 것이 된다. 즉, 그것을 만드는 설계도에 해당하는 것이 거기에 있다는 것을 의미하며, 영적으로는 그렇게 만들려고 하는 설계도가 있다고 말할 수 있다.

어쨌든 사람의 몸은 제행무상의 말대로 점점 변해 간다.

비유해서 말하면 강의 흐름과 같아서 'ㅇㅇ강'이라고 해도 같은 강이 흐르는 것처럼 보이면서도 흐르는 물은 결코 같지 않다. 물이 계속해서 흐르고 있다고 해도 같은 강은 아닌 것이다.

그것과 똑같이 신체도 기본적으로 강물처럼 흐르고 있다고 인식해 주기 바란다.

육체를 설계하는 유체란 무엇인가

기본적으로 몸의 각 부분은 자신의 상념, '자신이란 이런 존재이다'라는 생각에 바탕을 두고 설계된 대로 만들어 가려고 한다.

원래 병의 부분까지는 설계되지 않았지만 인생의 도중에서 병의 설계도가 끼어들 경우도 있다.

이 설계도에 해당하는 것이 실은 몸과 똑같은 형태를 갖고 있는 '유체(幽體)'라는 부분이다. 이것은 인간의 육체와 거의 같은 형태를 가졌다. 죽어서 화장터에서 화장된 다음에 몸에서 빠져나가는데, 손톱 하나하나까지 나 있다. 유체는 영체의 가장 바깥쪽 부분이며, 머리카락이나 손톱 하나하나, 게다가 깎다가 남긴 손톱 부분까지 정확히 그대로 나타나는 것이다. 손톱 밑의 초승달 모양의 부분도 전부 붙어 있고 거기까지도 확인이 가능하다.

유체는 이상할 만큼 육체와 똑같으며 내장도 움직인다. 죽은 다음에도 심장을 만지면 움직이고 있으며, 다른 장기도 움직이고 폐도 움직여서 호흡을 한다. 그것은 자신이 아직 살아 있다고 생각하기 때문이며 죽었다고 알아차릴 수 있을 때까지는 지상생활과 같은 생활을 계속하는 것이다.

실은 이 유체의 부분이 단백질이나 뼈 등 여러 성분에 의해 육체를 구성한다.

그 때문에 병이 생길 경우에는 먼저 유체 부분에 병소(病巢)가 나타난다. 유체 안에 나쁜 것 즉, 검은 상념이나 병든 부분이 생기기 시작하고 그 다음에 육체에서 나쁜 것이 현상화(現象化)한다. 이것이 현실이다.

유체 부분에 그와 같이 나쁜 것이 나올 경우, 대개 표면의식

즉, 평소에 생각을 하는 주체인 마음속에서부터 항상 되풀이해서 파괴적인 생각을 하거나 혹은 자기처벌적인 사고방식을 하는 것이다.

다른 사람을 강하게 공격하려는 마음으로 화를 내거나 불만을 터뜨려도 상대의 마음이 깨끗해서 염파(念波)가 맞지 않아 오히려 자신에게 돌아와 명중하는 경우도 있다.

상대가 약할 경우에는 상대가 병들지만, 상대가 약하지 않을 경우도 있어 저 사람이 마음에 안 든다고 생각하며 염파를 발신해도, 상대의 마음이 빛나는 상태라면 그 염파가 되돌아와서 자신 쪽에 명중하는 것이다. 요컨대 다른 사람을 책망하는 염파가 자기자신에게 되돌아와서 상처를 받는 경우가 있다는 것이다.

그런 일이 영적인 원인으로서 있으며, 영적으로 보면 우선 유체 부분에 무언가의 병이 되어 나타난다. 그 후 그것이 육체에 형태로서 나타나 이상한 병이 많이 생기는 것이다.

의학적으로는 그것을 바깥 쪽에서 즉, 육체 쪽에서 치료를 하는 것이지만, 종교적으로는 내면에서 치료를 하는 형태가 된다. 병이 되어 나타나는 요소를 억제하여 내면에서부터 치료하고자 하는 것이다.

따라서 병이 생겼다면 사람이 천성으로 갖고 있는 선한 마음이 아닌 무언가의 마음의 모습이 최근에 발생했을 것이다. 그것은 어떤 의미에서는 집착인데, 그 마음의 집착이라는 형태로 굳어진 생각이 뭔가 있을 경우 일정한 형태의 병이 되어 나타나는 것이다.

03

병을 고치는 마음가짐이란

반성하는 마음과 감사하는 마음을 가진다

인간을 강으로 비유하면, 강물이 불어났을 때 제방의 어느 부분부터 무너질지는 결정된 것은 아니지만 약한 곳에서부터 물이 터져나가는 것이다.

그와 같이 병의 형태도 각양각색이어서 심장에 나타날 것인지, 신장에 나타날 것인지, 폐에 나타날 것인지, 대장에 나타날 것인지, 소장에 나타날 것인지, 혈관에 나타날 것인지, 어디에 나타날지는 알 수 없다. 하지만 제방과 같아서 제방의 약한 곳, 물에 대한 저항력이 약한 곳에서부터 붕괴되어 거기서 물이 터지기 시작하는 것처럼, 약한 곳에서부터 병이 나타나게 되는 것이다.

따라서 우선은 스스로의 자기인식부터 바꾸어야만 한다.

자신의 몸을 자동차의 차체(車體)처럼 바깥쪽 금속판과 안쪽의 기계들로 구성되어 있다는 식으로 생각할 경우에는 기본적으로는 고장이 나면 그 부분을 교체하는 방법 외에 고칠 방법이 없는 방식이 될 것이다. 하지만 그런 것은 아니라는 것이다.

조금 전에 강의 흐름으로 비유했는데, 자기자신의 몸, 요컨대 차체라고 보이는 것도, 나날이 변화되어 오래된 것은 도태되고 새로운 것이 만들어지면서 움직이는 것이다.

그와 같은 인식을 가지면서 마음속에 강한 방향성을 정해 놓는다면 자신의 몸을 새롭게 만들어 갈 수 있다. 물론 그것이 나쁜 방향성이 아니라 좋은 방향성을 향하게 하는 것이 중요하다.

그런데 '자기 마음의 방향성이 지금 일정한 나쁜 틀을 만들려고 한다'면 스스로 좀처럼 알아차리지 못하는 일이 많다.

거울에 비친 것처럼 자기자신을 제대로 볼 수가 없다. 자신의 마음이 왜곡되어 있다는 것을 간단하게 알 수 없는 것이 현실이다.

그 때문에 반성하는 마음을 갖는 것, 그리고 감사하는 마음을 갖는 것이 중요하다.

병이 나는 사람은 대체로 자기변호식의 자기보존이나 자기

방어의 마음이 의외로 강한데도 불구하고 병이 발생한다.

요컨대 병이 나는 사람에게는 '나는 아무 것도 나쁘지 않다'라는 식으로 자신을 지키는 사람이 비교적 많다.

그리고 전체적으로 보면 '다른 사람이 나쁘다, 저것이 나쁘다'라고 다른 사람을 책망하거나 여러 가지 탓을 하는 일이 대단히 많다.

기본적으로는 그런 모습이 많으므로 역시 먼저 감사하는 마음과 반성하는 마음을 갖는 것이 중요하다.

사랑하는 마음, 보은하는 마음, 감사하는 마음을 실천에 옮긴다

반성과 감사하는 마음을 가졌다면 이번에는 자신이 이 세상에 살고 있다는 기쁨, 즉 21세기의 풍요롭고 편리한 나라에 태어나서 현재까지 살아 왔던 기쁨을 가지고 다른 사람들에게 '사랑하는 마음'을 실천에 옮겨야 한다.

사랑하는 마음, 보은하는 마음, 감사하는 마음을 실제 행동으로 옮김으로써 정말로 '마음의 틀' 자체를 바꾸어 갈 수 있게 된다.

따라서 이타(利他)*의 마음, 애타(愛他)의 마음을 갖는 것이 중

이타(利他) : 자기가 얻은 공덕과 이익을 다른 이에게 베풀어 주며 중생을 구제하는 일

요하다.

　병원에 있는 대부분의 환자는 자기중심적인 사람이 많다.
　도무지 자신의 일밖에 생각하지 못한다. 실제로 몸이 아프고 힘들어서 치료를 받을 때에 다른 사람을 배려하라고 해도 쉽게 할 수 있는 일은 아니다.
　환자는 언제나 '여기가 아프다, 저기가 아프다'라고 말하며 의사나 간호사, 가족 등에게 불평을 많이 한다. 회사에서도 많은 불만이나 집착 혹은 일에 대한 걱정 등 여러 가지가 있을 것이다.
　아무리 좋은 사람이라도 병이 나면 대체로 자기중심적인 모습으로 변할 것이다. 보통은 그럴 것이고 그것이 병의 모습이기도 하다. 그런데 병이 나지 않으려면 그와 같은 자기중심적인 사고방식과는 반대의 자기상을 만들어 내는 것이 중요하다.

　스스로 잘못이 있다면 매일 조금씩이라도 좋으므로 반성하여 고쳐 가려는 마음을 가질 것.
　많은 사람들에게 불평불만이나 푸념을 늘어놓지 말고, 감사해야 할 곳이 없는지 꼼꼼히 체크하여 그러한 것이 있으면 감사할 것.

감사의 마음을 말로 할 것.

　나아가 자기 중심적으로 생각할 것이 아니라 다른 사람이 힘들어 하면 '내가 해드릴 수 있는 일은 없는가, 그 사람의 고민을 덜어 줄 수 없는가'를 생각할 것.

　예를 들어 자신은 팔을 못쓰고 상대는 다리를 못쓸 경우 팔을 못쓰는 사람이 다리를 못쓰는 사람을 도와줄 수 있을지도 모른다. 그처럼 다른 사람의 괴로움이나 슬픔을 이해하여 도와준다는 것도 중요하다.

　그리고 조금 전에 지부 건물 이야기를 했는데, 전도라는 행위도 어떤 의미로 '신앙공간, 신앙하는 공간'을 퍼뜨려 가는 것이다. 많은 사람들의 상념이 모이면 3차원(이 세상) 세계의 규칙이 바뀌어 간다. 많은 사람들의 상념이 모이면 개개인의 생각으로 만들어졌던 3차원(이 세상) 세계의 규칙이 바뀌어 가는 것이다.

　그런 의미로 전도하여 신앙심을 가진 동료를 만들어 가는 일도 중요하다.

잠재의식을 사용해서 병을 고친다

병의 최종적인 모습은 자기중심적인 인간의 모습이다. 자기중심적인 딱한 모습이 되었을 경우가 많으므로 그 모습과 정반대인 자기상을 마음에 그려서 '그렇게 되자'라고 생각해 주기 바란다.

그리고 동시에 병이 낫지 않더라도 '조금씩, 조금씩 자신을 좋은 방향으로 바꾸어 가려고 한다'는 마음을 계속 갖는 것이 중요하다.

그렇게 함으로써 자신의 잠재의식에 사고방식을 이식하는 것이다. 그러려면 '패턴화'를 해야 하므로 매일 똑같이 잠재의식 안에 이식하는 작업이 필요하다.

한편, 이것은 병이 아닌 경우에도 효과가 있다.

예를 들어 독자 중에는 '나는 머리가 나쁘다'고 생각하는 분이 많을지도 모른다. 매일 스스로 나는 머리가 나쁘다고 계속 생각하는 사람도 있을 것이다. 혹은 생각하는 것만으로 끝나지 않고 다른 사람에게 말하지 않으면 좀이 쑤시는 사람도 있을 것이다. '나는 머리가 나쁩니다'라고 다른 사람들에게 말하여 상대를 수긍하게 만들지 않으면 만족할 수 없는 사람도 많다고 생각되는데 '나는 머리가 나쁩니다'라고 매일 말하고 있어도 머리가 좋아지지는 않는다.

　유감스럽게도 반대로 머리가 나쁘다는 것을 확인할 수 있는 현상은 여러 곳에서 일어날 것이다.

　'나는 무엇을 해도 머리가 나쁘다, 신호를 잘못 보다니 바보 아냐?, 학교에서 학부모회 참석 통지가 왔는데도 잊어버렸다. 머리가 나쁘다, 오늘 저녁밥은 고기덮밥으로 할 생각이었는데 잘못해서 카레라이스 재료를 사왔다. 머리가 나쁘다' 등으로 계속 스스로를 나무란다면 슬기로워지지 않는다.

　거기에는 정직한 면이 있을지도 모르지만, 그것은 자신을 행복하게 하는 길은 아니다.

　다만 '나는 오늘 갑자기 천재가 되었다'라고 말하면 거짓말이 될 것이므로 '매일매일 조금씩 슬기로워지자'라고 생각하는 것이 중요하다.

　그리고 조금이라도 변화가 나타나 좋은 면이 생겼다면 스스로를 칭찬하는 마음을 갖는 것도 필요하다. 하루 만에 슬기로워지지는 않는다.

　그런 것과 똑같이 병도 자신의 나쁜 부위에 '너는 나쁘다'라고 계속 말해도 회복되지는 않으므로 '오늘까지 잘 버텨 주었구나. 고맙다. 이제부터 몇 년, 몇십 년의 일이 있는데 조금이라도 좋아진다면 아직도 세상에 도움이 되는 일을 할 수 있을 것 같고, 가족에게도 조금은 보답할 수 있을 것이다. 그러니 매일 조금씩 좋아지자'라고 말을 걸 정도의 마음을 갖는 것이 중요하다. 그렇게 하면 반응이 나타난다.

내장 등은 불수의근(不隨意筋)의 대표이며 자신의 마음대로 되지 않는다고 생각되겠지만, 병드는 부분은 거의 불수의근에 해당되는 부분이다. 그 때문에 마음대로 되지 않는 곳이 많겠지만, 마음대로 안 된다고 생각하는 곳에도 영향을 줄 수 있다.

왜냐하면 조금 전에 서술한 것처럼 잠재의식으로부터 깊이 영향을 받기 때문이다. 잠재의식은 마음의 경향성이므로 오래 계속 생각하고 있으면 그 생각이 스며들게 되는 것이다.

조금 전에 '머리가 나쁘다'에 관한 이야기를 했는데 그것도 외과수술로 고칠 수 있다면 뇌의 회로를 교정하여 틀리지 않도록 하고 싶을 것이다.

'어쩌면 장래는 할 수 있는 게 아닐까? 회로에서 막힌 것을 제거하여 계산을 정확하게 할 수 있게 되거나, 한 번 들은 것은 잊지 않도록 전부 저장고에 수납해서 점검할 수 있도록 하고 싶다'라는 소망이 있을지도 모르겠다.

물론 거기까지 의학이 진보할 것인지는 알 수 없지만 적어도 그런 소망을 계속 가지면 그렇게 된다.

그것이 잠재의식의 특징이므로 예를 들어 기억력을 좋게 하고 싶다면, 자신의 머릿속에는 무한한 기억을 정리하는 책장이 있다고 계속 생각해 주기 바란다.

너무 많아서 기억할 수 없다는 생각도 들겠지만 '이 분야는 여기에 정리한다, 저 분야는 여기에 정리한다'라는 식으로 여러 가지 것을 잘 정리정돈해서 넣는다는 이미지를 계속 가지면 제대로 정리해서 기억할 수 있게 되는 것이다.

자기변호를 그만두고 플러스의 마음을 택하는 요령

다만 그 전에 푸념을 하여 망치지 않도록 해야 한다.

행복의 과학의 책을 읽는 분은 아시겠지만, 인간은 최초에 부정적인 생각이 여러 가지로 나오는 법이다. 이것은 인간으로서 괴로운 일이고 내 입으로 말하고 싶지 않지만, 어느 쪽인가 하면 인간은 역시 약한 존재이다.

'가능하다면 일하지 않아도 되는 이유를 말하고 싶고, 할 수만 있다면 남을 위해 뭔가 하지 않아도 되는 이유를 말하고 싶다'는 자기변호의 마음도 생기는데, 이것이 병의 큰 원인이 되기도 한다.

《기적의 암 극복법》(앞에서 서술)에도 쓰여 있는데, 예를 들어 회사를 경영할 때 적자가 계속되거나 도산하면 사장은 대개 병들거나 죽게 된다.

그것은 물론 과로에 의해 그렇게 되는 것이겠지만, 어떤 의미에서의 변명이기도 하다. 즉, '스스로 능력이 없어서 못했던 것이 아니다'라는 변명을 위해 병을 만들어 버리는 면이 있다.

혹은 주변에 책임을 지고 싶지 않아서 '병들었기에……'라는 변명을 하기 위해 병들고 마는 경우도 있다. 하루 만에 병드는 경우도 있기는 있다.

그러므로 만일 자기변명의 마음이나 도피하는 버릇, 책임에서 벗어나자는 마음 등, 그렇게 변명하는 버릇이 있다면 그것을 바꾸지 않으면 안 된다. 그것보다는 매일 조금이라도 플러스의 비전을 그리는 노력을 하지 않으면 안 된다.

인간은 동시에 두 가지 일을 생각할 수 없다. 그 때문에 플러스와 마이너스를 동시에 생각할 수는 없다.

예를 들어 '자신의 차가 고속도로를 시속 100km로 거침없이 달리는 모습과 자신의 차가 고속도로에서 펑크 나서 움직일 수 없게 된 모습을 동시에 생각해 주세요'라고 말해도 둘 다 동시에 생각할 수는 없다.

　역시 둘 중의 하나가 되는 것이며 양쪽 다 동시에 마음속에 그릴 수는 없다. 두 가지 일을 동시에 생각할 수 없으므로 어느 한쪽을 선택한다면 '좋은 비전이나 좋은 모습을 마음에 그리고, 그쪽으로 가져가자'라는 쪽을 생각하여 선택하는 것이 중요하다.

04

모든 병을 물리치는 명상법

　의사가 들으면 놀라겠지만 내장도 의식을 가지고 있다. 나처럼 영적인 힘이 있으면 내장 의식과도 대화가 가능하다.

　내장에 '어디가 좋지 않은 것이지?'라고 물으면 '대체로 이렇다'라고 가르쳐 주는 경우도 있다(앞에서 서술한 ≪기적의 암 극복법≫ 참조).

　인간은 먼저 본체에서는 두뇌를 중심으로 해서 의식이 있는데 몸의 각 부위도 의식을 가지고 있다. 인간은 복합체여서 복합적으로 구성되어 하나가 된 것이다. 그리고 몸 안에서 여러 가지 것을 길러가고 있는 것이다.

　세포의 하나하나도 생물이며 자신이 하나의 은하이다. 인간

자체가 은하계 우주와 같아서 많은 생물들이 이 한 개의 몸 안에 살고 있는 것이다. 그런 사실을 알아야만 한다.

가능하다면 '자신의 본질은 영체다'라고 알고 육체 쪽을 조금씩 작게 보면서 '영체 쪽이 중심이다'라고 강하게 생각할 수 있게 되길 바란다.

나아가 그 영체도 '황금빛 구슬과 같은 영체, 황금빛 구슬과 같이 완전한 영체인 자신'이라는 모습을 매일 밤에 잠자기 전에 명상하면 좋다. 황금빛 구슬과 같다는 것은 완전무결하다는 것을 뜻한다.

자신의 영체는 본래 신불(神佛)로부터 받은 고귀한 목숨이며, 완전무결한 황금빛 덩어리, 황금으로 된 구슬이다는 이미지를 될 수 있는 한 가져 주었으면 한다. 그런 이미지를 가짐으로써 머리끝에서 발끝까지의 모든 병을 물리칠 수 있다. 그런 황금빛 덩어리와 같은 자기상이 영체로서의 진정한 모습이다.

죽어서 저 세상에 돌아가면 처음에는 인간의 모습을 하고 지내지만 최종적으로 깨달아서 천상계에 올라갈 때에는 그런 황금으로 된 구슬의 빛나는 빛 에너지의 몸이 될 수밖에 없다. 이것이 진정한 자신의 모습이다. 그 진정한 자신의 모습을 그리는 연습을 하면 많은 병을 회복하는 힘, 병에 저항하는 힘 혹은 병을 개선하는 힘이 될 것이다.

　겨울이 되면 인플루엔자 등도 유행하는데 이것은 작은 바이러스이다. 그런 작은 것이 줄줄이 나타나는데 이것은 일단 집단 빙의(集團憑依)의 일종이다.

　바이러스는 대단히 많은 수로 다가온다. 몇백 만 마리나 있는지 몇천 만 마리나 있을지 모르지만 의식하지 못하는 사이에 침투해 몸의 여러 곳으로 들어오는 것이다. 악성화된 바이러스인데 일단 빙의한다. 흔히 '다른 사람에게 옮기면 낫는다'라고 말하는 것처럼 다른 사람에게 이동하면 낫는다.

　그런 의미에서는 약한 사람이 접근하면 금방 전염되겠지만 조금 전에 서술한 것처럼 매일 황금빛 구슬과 같은 자기상을 명상하면 그런 악질적인 바이러스 등도 몸에서 떨어져 나간다. 잇따라 도망쳐 나가는 것이다.

05

행복한 노년을 보내려면

가족에게 폐를 끼치지 않고 대왕생을

본 장은 암이라기보다는 병 전반에 관한 이야기로 구성되었는데, 암은 일본인의 사인(死因) 제1위로 일본인 3분의 1 정도는 암으로 죽어가고 있다. 다만 할 수 있으면 될 수 있는 대로 많은 분들이 죽는 날까지 건강하게 살다가 세상을 떠나는 일반적인 모습이 되면 좋겠다고 나는 바라고 있다.

10년이나 20년 동안 병원에서 여기저기 튜브를 꽂은 채 힘들어 죽겠다고 말하면서 가족에게도 폐를 끼치며 지낸다면 본인도 괴롭고 천국적인 모습도 아니다. 죽는 날까지 건강하게 살다가 가야 할 때는 바로 저 세상으로 돌아가는 모습이 좋다.

이전에도 서술한 적이 있는데 우리 친할아버지는 자연사로 대왕생(大往生)하셨다.

그 무렵 우리 아버지보다 두 살 나이가 많은 누나, 즉 나에게는 고모가 되시는 분이 매일 잠을 자기 전에 그림책이나 이야기 등을 읽어 드리고 있었는데 '아버지, 오늘도 계속 읽을까요?'라고 말했더니 할아버지는 '오늘은 됐다'라고 말씀하셨다고 한다. 고모는 이상하다고 느끼면서도 안 읽어드렸는데 그날 밤에 할아버지는 편안하게 숨을 거두셨다.

그와 같이 될 수 있는 한 폐를 끼치지 않고 죽는 것이 좋다. 나도 될 수 있는 한 그렇게 되고 싶다.

건강하게 일한다는 미래 구상을 세운다

이것도 역시 강하게 생각하면 그런 식으로 할 수 있게 되고 '몇 살 정도까지 현역으로 일할 것인가'라는 연령의 설정을 하는 것도 일의 설계와 같아서 '이 정도까지 일하고 싶다'라는 설계를 가지고 일찍 준비에 착수해 둔다면 어느 정도 그렇게 할 수 있을 것이다.

실제로 그 때가 와서 할일이 없는 상황이라면 수명을 연장시킬 수 없는 경우도 있으므로 '몇 살 정도까지 현역으로 일하고 싶다'라는 마음이 강하다면 일찍 그것을 준비해 두는 것이 중요하다.

내 경우 평소 주변에서 많은 상념을 받는데, '총재는 현역으로 될 수 있는 한 오래 일해주기를 바란다. 죽는 순간까지 설법을 계속해 주면 좋겠다'라는 염파를 이쪽저쪽에서 많이 받아서 곤란한 상황이다.

다만 스스로 쉽게 '더 이상 일하지 않는 상황'을 정하면 정말로 그 뒤가 없을 경우도 생기므로, 건강하게 일하고 싶다면 '건강하게 일한다'라는 미래 구상을 제대로 세우면 좋을 것이다.

그 때 아무 것도 할일이 없으면 병을 앓으면서 빈 시간을 때우거나 하는 일도 일어나므로 뭔가 할 수 있는 일을 생각해 두는 것도 중요하다.

지금까지 총론적인 이야기가 많았다고 생각하지만, 암은 물론 어떤 병이라도 나을 수 있으므로 이것을 '기적의 암 극복법' 강의로 마무리하고 싶다.

2장

병과 카르마·
영적 장애에 대하여

01

병과 죽음도 인생계획 속의 자비

불교의 대전제로서 병과 죽음은 피할 수 없다

이전에 행복의 과학 지부장으로부터 '신자한테서 받은 질문 중에서 대답할 수 없었던 것을 써 달라'는 취지로 리포트를 제출하게 한 적이 있었다.

그것을 보니 지부장이 대답할 수 없었던 것 중에 병이나 영적 장애에 관한 질문, 특히 정신병과 관계된 질문에 답할 수가 없었다는 것이 많았기에 이 부분에 좀 더 설법을 할 필요가 있다고 느꼈다.

한 번만으로는 끝나지 않을 것이므로 앞으로 여러 각도에서 이런 테마에 대해서도 서술해 가고자 한다.

그런데 시작하기 전에 말해 두지 않으면 안 될 것은 불교의 대전제로서, '병과 죽음은 피하기 어려운 것이다'는 생각이다. 이에 대해서는 어쩔 수 없는 일이기도 하다.

병을 고친다고 해도 그것은 일시적으로 연장하거나 죽는 시기를 늦춘다는 정도이며 최종적으로 인간은 죽는 법이다. 여기서부터 도망칠 수는 없다. 노쇠한 경우도 있지만 대개는 어떤 병이 들어서 죽음에 이르는 것이다. 이것은 운명으로서 받아들이지 않으면 안 되는 면이 있다.

그 부분만을 보면 나쁘게도 보이고 그것 자체가 불행하게도 보이지만 전생윤회를 포함한 커다란 인생의 진실에서 본다면 자비 중의 하나라는 것도 알아야만 할 것이다.

예를 들어 인간이 영원히 병들지 않는 튼튼한 육체라면 어떻게 되겠는가?

1900년대 초에 발명된 것으로 'T형 포드'라는 검은 자동차가 있었다. T형 포드는 천편일률적으로 대량생산을 한 최초의 자동차이며, 포드사가 발전하는 기초가 되었다. 그러나 만일 그것이 100년이 지나도 아직 달리고 있다면 어떻겠는가? 그런 것을 비유해서 생각해 보면 좋을 것이다.

지금 세상에서는 도요타의 하이브리드 차 등이 달리는 시대이다. 그 가운데에서 'T형 포드가 아무리 지나도 망가지지 않는다. 사람들이 때리거나 차거나 해도 손상되지 않는다'라는 상태라면, 튼튼하기는 해도 신차로 바꾸고 싶다고 생각하는 것이 보통일 것이다.

세상 사람들은 점점 신차로 바꾸어 간다. 그 때의 수요에 맞는 자동차나 새로운 성능을 가진 자동차로 바꾸어 가는 것이다.

그와 같이 영원히 망가지지 않는 것이 좋은 것은 아니다.

병에 의한 죽음은 일종의 자비다

신차 구매를 바라는 것처럼, 사람은 새로운 혼의 수행을 위해 새로운 육체를 바라는 법이다. 그 시대나 새로운 인생계획, 직업에 맞은 육체를 바란다.

그와 같은 새로운 선택지가 작용한다는 것은 한 가지 행복이며, 그 행복의 대상으로서 오래된 육체는 신차가 중고차가 되어 폐차가 되는 것처럼 멸하여 죽어 가지 않으면 곤란할 것이다. 언제까지나 그 상태로 거북이 등딱지와 같은 것을 걸치고 몇백 년이나 살아갈 수는 없는 노릇이다.

요컨대 병에 걸려서 죽는다는 것은 커다란 계획 속에서는 일종의 자비이다. 그것은 받아들이지 않으면 안 된다.

제일 중요한 것은 가족이나 일의 관계 등에서 남에게 폐를 끼치지 않도록 하면서 자신의 인생을 충실히 살고, 자신이 충분히 행복감을 얻을 수 있는 삶을 살 수 있는가이다.

그 때문에 중요한 시기에 병들어서 많은 사람들을 괴롭게 만들거나, 그것이 계기가 되어 가족관계에 새로운 지옥이 많이 생기거나 하는 일이 없도록 소망하는 것은 인간의 본능이며 그것에 대해서는 이해할 수 있는 면이 있다.

만일 죽음을 받아들일 수 있는 것이었다고 해도 고칠 수 있는 병은 고치고 싶은 법이다. 고칠 수 없는 것은 받아들일 수밖에 없지만, 고칠 수 있는 여지가 있는 것은 종교로서 개입할 수 있는 부분이라고 생각되며, 의학에서도 똑같은 것을 지향하는지도 모르겠다.

그래서 병이나 영적 장애의 관계에 관한 해설을 하고자 한다.

병을 피하려면 이 세상적인 면도 개선해야 한다

행복의 과학 가르침에서는 '병의 70% 정도는 영적 장애일 가능성이 있다'고 설한다.

다만 그것은 병의 종류에도 의한 것이므로 일률적으로 말할 수는 없다. 확실히 육체는 이 세상적인 것이므로 이 세상적으로 고장나는 곳은 있다.

예를 들어 스포츠를 하다가 물리적으로 다치거나 장해를 입는 경우도 있다. 그리고 높은 곳에서 떨어지면 누구나 부상을 입고, 음식의 영양 균형이 깨지면 장기가 나빠진다. 게다가 운동부족 등이 겹치면 몸 상태는 더욱 나빠진다.

이처럼 이 세상적인 이유나 세상의 일반 법칙에서 보아 병드는 경우도 있다. 혹은 생활습관병, 예를 들어 당분을 너무 많이 섭취해서 당뇨병이 될 수도 있다.

또 지금은 '메타볼릭 증후군'도 있다. 여성은 복부 둘레 90cm 이상, 남성은 85cm 이상이라든지 고혈압이나 여러 지표가 있어서 요주의라고 간주되는 부분이 있다.

이처럼 생활이 풍요로워진 반면 과학적으로 그와 같은 새로운 병이 나타나는 경향도 있다.

그것은 이 세상적인 법칙에 의해 어느 정도 보이는 것도 있기 때문에 이 세상적으로 대응 가능한 것은 있다고 할 수 있다. 역시 많은 사람들이 병든 이유처럼 음식이나 마실 것을 너무 많이 섭취하는 생활습관을 가지면, 병이 생기기 쉬우므로 이것을 지혜로 삼아서 개선해야 할 것은 개선하지 않으면 안 된다.
 예를 들어 술을 과음해서 병드는 사람도 많고, 골초도 병들기 쉬운 것처럼, 병의 원인은 다양하다. 그것에 대해서는 이 세상적인 책임도 있으므로 병을 피하고 싶다면 이 세상적인 면에서도 개선해야 할 것이다.

현대 의학으로 고칠 수 없는 병에 사용되는 전생요법

 현대 의학도 만능은 아니다. 예를 들어 병에 대해 무언가 설명을 하지 않으면 안 되기에 어쨌든 병명을 기입하거나 약을 먹이는 경우가 아주 많다.
 의학도 아직 반 이상은 미신의 단계에 있다. 있지도 않은 병에 병명을 붙이거나, 듣지도 않는 약을 먹이거나, 대처법을 취하거나 하는 면도 많다고 여겨진다.
 특히 그 사람의 인생에서 지속적이면서 집요한 병이나 인생 전체에 깊은 영향을 끼치는 병일 경우, 이 세상에 한정된 요인이 아닌 것이 많다.
 인간은 이 세상에 태어나기 전에 인생의 계획을 세운다. 스스로 계획을 전부 세우는 사람도 있지만 대개는 다른 사람의 지도를 받고 인생 계획을 세운다. 최근에는 영계도 근대화했기에 행복의 과학이 제작한 영화 속에도 나오는 것처럼 '조마(照魔)극장*'에서 자신의 인생을 본다고 하는 근대화한 영계도 있다(영화 '영원의 법', 2006년 공개, 제작·총지휘 오오카와 류우호오 등 참조). 다만 오래된 타입의 영계라면 조금 다른 것도 있다.

미국에서는 보통의 현대의학에서 고칠 수 없는 병을 치료하기 위해 전생요법을 사용하는 정신과 의사 등이 있다.

최면요법을 걸어서 어렸을 때의 연령까지 의식을 되돌리면, 어릴 때에 받았던 마음의 상처나 부모의 폭력, 학대 등 여러 가지 것이 나타나 현재 앓는 병의 원인이 거기에 있다는 것을 알게 되고, 그것이 발견되면 병이 현저하게 개선되는 일이 있다.

게다가 최면요법을 하는 동안에 우연히 어렸을 때를 지나 어머니 뱃속에 있었을 때까지 돌아가서, 태내에서의 기억까지 나오거나, 나아가서는 뱃속에 있기 전의 단계까지 나오거나 하는 예도 있다. 그 때문에 '과거세가 있는 것 같다'라고 생각해서 최면요법에 의해 전생까지 살피는 경향이 나타나고 있다.

다만 거기까지 가는 사람은 몇 퍼센트 밖에 안 된다고 한다.

주) 조마극장 : 사후 영계에서 자신의 일생이 녹화된 것을 보면서 자신의 삶을 되돌아 보는 극장

과거세에 있었던 병의 원인을 알면 증상이 개선된다

그런 전생요법이 시작되어, 미국이나 캐나다 등에서는 그 사람의 전생 이야기에서부터 '지금 이런 병이 난 것은 무엇이 원인인가'를 살피는 것이 상당히 유행하고 있다. 이것은 최면요법의 일종이다.

그 가운데에서 비교적 자주 과거세가 나온다고 한다. 그리고 과거에 이런 시대에 태어나 이런 이름으로 인생을 살고 이렇게 죽었다는 것을 말하는 것이다.

그것들을 살펴보면 현대 의학적으로 보아 이해하기 힘든 병의 원인이 과거세에 있었다는 사람이 자주 나타난다. 그리고 그 사실을 알고 본인도 납득하여 이해한 단계에서 그 증상이 빠른 속도로 개선되어 사라진다고 한다.

요컨대 이것은 일종의 '카르마(업장)의 붕괴'일 것이다. 왜 그런 것이 나타나는가를 안 단계에서 그 증상이 사라지는 일이 일어나는 것이다. 이것은 되풀이해서 일어나므로 그런 현상은 있다고 생각된다.

이것은 의학적인 접근방법인데 종교적으로 말하면 반성 등에 해당할 것이다. 즉, 명상이나 반성을 해서 자신의 혼의 경향성을 파악하고 그 병의 원인이 되는 곳을 반성하면 병이 낫는다는 것이다.

  이와 같이 의학 쪽에서는 전생요법이라고 하는 최면요법에 의해 과거세의 원인을 살펴서 치료한다는 방법이 상당히 유행하고 있다. 다만 일설에서는 4%에서 10% 정도 밖에 최면요법에 걸리지 않으므로 최면에 걸리지 않는 사람은 고칠 수 없다.

  원래 심리학에서는 프로이트 때부터 어렸을 때의 학대나 유아 성욕 등으로 여러 가지 정신적인 병을 설명하고 있었는데, 그보다도 전에 원인이 있었다는 것을 알게 된 것이다. 그런 사례가 많이 나왔다.

02

카르마에 의해 일어나는
병이나 공포증

과거세와 관계된 인생의 대본이 있다

전생요법에 의하면, 하나의 전생에서 그 다음 세상으로 옮겨가는 동안에 중간생(中間生)이라는 것이 있는데 그 단계에 있을 때에 흔히 3명의 재판관이 나오는 모양이다.

어떤 정신과 의사가 행한 실험에 의하면, 재판관의 모습을 하거나 노인의 모습을 하거나 다양한 신이나 천사와 같은 모습을 하며 나타나는데, 3명 정도 나오는 경우가 많은 것 같다. 현대의 재판과 흡사하다.

3명이 나타나 그 사람이 이 세상에 살아 있었을 때의 인생을 검증하며 어디에 문제가 있었는가를 지적해서 본인을 이해하게 만든다. 그리고 그 다음 인생을 구상할 때에 이번 인생에서 보면 다음에 당신은 이런 인생을 보내야 한다는 말을 한다. 그것을 본인에게 이해시키고 납득하게 한다. 그리고 그 대본에 근거해서 태어난다는 것이다.

이 대본에는 인생의 대략적인 설계인 가족관계나 직업형성, 사고나 병 등으로 세상을 떠나는 시나리오, 죽는 연령까지 어느 정도 명확히 실려 있다고 한다. 정말로 신기하지만 대본이 있는 것이다.

그러므로 현재의 인생에서 자신에게 일어난 일을 보면서 '과거세에 어떤 인생을 보낸 사람이라면 이런 대본이나 시나리오가 있을 수 있는가'를 생각해 보면 좋다.

최면요법을 걸면 그것이 나오는 경우도 있다. 하지만 그런 최면요법에 걸리지 않는다면 스스로 반성해서 '이런 버릇이 있다면 도대체 무엇에 의해 나타나고 있는가'를 생각해 보면 좋을 것이다.

카르마의 법칙에 의해 전생의 보상을 한다

'카르마의 법칙'은 종교 쪽에서는 많이 알고 있는데 의학의 예에서 인용해 보아도 꽤 확실하게 나타나 있다. 전생의 보상이라는 형태로 나타나는 것이다.

예를 들어 폭력 등에 의해 사람을 학대하거나 사람을 죽이거나 했던 사람일 경우, 금생은 어떤 인생이 예상되는가 하면, 자신이 학대받거나 죽임을 당하는 인생으로 나타나는 일이 많다. 즉, 폭력에 의해 사람을 장애인으로 만들어 버렸던 사람이나, 남의 팔이나 다리를 부러뜨리거나 상해를 입힌 사람일 경우에는 금생에 자신이 태어날 때에 그런 장애가 나타날 가능성이 매우 높다.

그리고 가족문제도 그렇다. 지금 남편의 폭력으로 고민하는 아내도 많을 텐데 그런 부부관계를 계속할 경우, 다음번에 태어날 때에는 반대가 될 수도 있다. 즉, 이번에는 폭력을 휘둘렀던 남편이 괴롭힘을 당하는 쪽이 되고, 아내는 괴롭히는 쪽이 될 수도 있다.

또 부모와 자식관계에서도 부모에게 괴롭힘을 당한 자식이 이번에는 부모로 태어나고 부모가 자식으로 태어나는 등 입장이 반대가 되는 경우도 있다.

나아가 부모와 자식 사이에서의 살인이라는 문제도 있다. 부모가 자식을 죽이거나 자식이 부모를 죽이거나 했을 경우, 최면요법을 해보면 과거세에서 죽임을 당했거나 죽였거나 했던 일이 금생에서는 반대가 된 경우도 있다.

대단히 무서운 일인데 보상의 법칙은 거의 완벽하게 나타나는 것이다.

과거세와 같은 입장이거나 반대의 입장에 놓인다

그런 사람들의 인생 시나리오를 쓰게 해보면 지난번과 완전히 반대 입장에 놓이는 경우와 완전히 같은 상태를 다시 한 번 만들어 보고 이번에는 어떻게 하는가를 보는 경우의 양쪽이 있을 수 있다. 완전히 같은 상황에 놓여서 역시 지난번과 같은 결과가 되는가? 혹은 그 입장을 완전히 반대로 하면 어떻게 되는가?

예를 들어 과거세에 잔인한 성격으로 여성에게 폭행을 휘두르며 강간을 저지르고 다닌 남자라면, 금생에는 어떤 환생으로 어떤 시나리오나 대본을 만들겠는가?

남성으로서 여성을 마구 괴롭히거나 못 살게 굴거나 심하게 고민하게 만들었던 사람이라면, 맨 처음에 생각할 수 있는 방법은 그 사람을 여성으로 태어나게 하는 일이다. '이번에는 여성으로 태어나게 해서 자신이 피해를 당하는 쪽에 놓이면 어떻게 되는가'를 공부하게 만드는 것도 한 가지 방법이다.

혹은 다시 한 번 똑같이 여성에게 심하게 폭력을 휘두를 수 있는 남자의 입장으로 태어나게 해서 무언가의 계기에 의해 개선할 기회를 주는 경우가 있다. 대개의 경우 이 두 종류가 된다.

특히 사람을 죽인 체험은 상당히 혼 속 깊은 곳까지 각인되므로 '다시 한 번 같은 상황에서도 죽이지 않고 멈추는 훈련을 한다'는 일이 있다. 몇 번이나 같은 상황에서 사람을 죽이는 타입의 사람이라면 '이번에는 죽임을 당하는 쪽을 체험한다'라는 대본이 들어가는 경우가 있다.

따라서 이 세상적으로 비참하겠지만, 예정된 과제가 있는 경우도 있다. 그 사람의 혼을 학습시키기 위해 그런 비극이 필요한 경우도 있다. 그 사람이 과거세에서 그만큼의 짓을 저질렀기 때문에 그런 비극이 나타나는 경우도 있는 것이다.

이와 같이 대상(代償)의 법칙으로 생각하면 알 수 있다. 완전히 같은 상황이거나 반대의 상황이거나 어느 한쪽에 해당한다. 같은 상황에서 몇 번이나 실패하는 사람일 경우에는 반대 상황에 놓이는 것이다.

혼 속에 있는 괴로움에 의해 육체가 변화된다

또 하나는 '전생에서 어떤 식으로 죽었는가? 어떤 병으로 죽었는가? 혹은 사고나 그 밖의 일로 죽었는가'가 이번 인생에서 병의 증상으로 많이 나타날 수 있다.

혼에 각인된 것이 있으면 혼이 그것으로 깊이 상처받거나 괴로워하거나 했던 시기가 많기 때문에 금생에 육체를 가져도 혼 속에 있는 그 괴로움이 밖으로 나타난다. 그리하여 유체(幽體)가 변화되어 육체에 변이가 나타나는 일이 많다.

과거세의 영향이 나타나는 예 ①
— 신체에 특징적인 멍이 있는 사람

예를 들어 신체에 특징적인 멍이 있는 사람일 경우는 과거세에서 어떻게 죽었는가와 극히 일치하는 예가 많다.

칼에 찔려 죽었거나 창에 찔려 죽었거나 화살을 맞고 죽었거나 했을 경우에 몸의 그 부분에 멍이 나타나는 경우는 상당수 보고되고 있다.

그것에 의해 과거에 그렇게 죽었다는 것을 암시하고 있다.

과거세의 영향이 나타나는 예 ②
― 피부병이나 천식, 기관지염이 있는 사람

그리고 피부병도 그렇다. 물론 행복의 과학 가르침에도 있듯이 대인관계로 알레르기를 일으켜 피부병이 나타나는 경우도 있지만, 과거세까지 더듬어 보면 역시 과거세에 어떻게 죽었는가와 관계가 있는 경우도 많다.

예를 들어 화재로 불에 타 죽은 사람일 경우에는 최후에 온몸이 불탄 피부 감각 등이 강하게 남아 있다. 이런 사람이 금생에 태어나면 피부에 멍이 나타난 경우도 있다.

또 여러 형태의 피부병으로서 심한 알레르기가 피부에 나타나는 경우는 많다.

화재가 나서 연기를 마시고 질식해서 아주 괴롭게 죽은 사람이 이번 생에 태어나면 천식이나 기관지염 등 호흡기 계통의 병이 생기는 일이 있다.

이런 것도 조금 전에 서술한 최면요법에 의해 전생요법을 하면 '과거세에서 그렇게 죽은 것이 이번 인생에 나타나고 있다'는 것을 본인이 분명히 알아차린 단계에서 그 증상이 치유되는 경우도 있다고 하므로 정말 무서운 일이다.

요컨대 마음이 원인으로 육체에 증상이 나타나고 있으므로,

원인인 마음 쪽을 수정하면 바깥의 부분이 고쳐지는 것이다.

도저히 천식에 걸린 이유를 알 수 없었는데 '과거세에 연기를 마시고 아주 괴롭게 죽었기 때문에 금생에 천식이 나타난 것이다'는 것을 알고 고쳐지는 경우도 있다.

과거세의 영향이 나타나는 예 ③
― 물이 무서운 사람

물을 정말 무서워하는 사람도 있다. 물에 들어가는 것이 무섭고 풀장도 무섭고 강도 무섭다. 물을 보면 어쨌든 공포심이 생겨서 견딜 수가 없는 사람이 있다.

이런 사람을 리딩(영적 조사)하면 대개의 경우, 과거세에 물속에서 죽었다. 물에 빠지거나 홍수로 죽는 등 물에 의해 죽은 경험이 있다.

그런 경우 엄청난 공포가 혼에 남을 것이다. 혼 속에 있는 공포심이 금생에서도 일종의 공포증으로 나타나는 것이다. 그러므로 무서워 견딜 수가 없는 것이다.

과거세의 영향이 나타나는 예 ④
― 고소공포증인 사람

나아가 전형적인 것은 고소공포증이다. 높은 곳이 무섭다고 하는 사람이다. 높은 곳에 올라가면 무서워서 견딜 수가 없는 것이다. 이런 사람의 과거세 리딩을 하면 높은 곳에서 떨어져 죽은 경우가 대부분이다.

물론 전쟁에 의해 그랬을 수도 있고, 그 외에도 벼랑에서 떨어지거나 지붕에서 떨어지거나 배에서 떨어지거나 건물 창문에서 떨어지거나 누가 밀어서 떨어져 죽었거나 하는 식으로 대부분의 경우 과거세에서 추락한 경험이 있다. 그런 사람일 경우는 높은 곳이 무서워서 견딜 수가 없는 것이다.

최근에는 비행기 사고로 죽은 사람이 다시 태어날 경우, 비행기 공포증이 생길 경우도 있을 것이다. 비행기를 타는 것이 아주 무섭다는 사람이다.

이와 같이 과거세의 공포 체험이 되살아나는 것이다.

이번 인생에서도 큰 사고 등을 당했을 경우 그것은 역시 카르마로서 남는다. 혼에 공포심이 남으므로 그 다음에 다시 태어날 때에 그런 공포심이 나오기 쉽다.

그와 같이 과거세에 가졌던 여러 가지 것들이 이번 생에도 나타나고 있는 것이다.

과거세의 영향이 나타나는 예 ⑤
― 폐소공포증인 사람

폐소공포증인 사람도 있을 것이다. '갇히는 것이 무섭다. 작은 방에 들어가는 것, 엘리베이터도 무섭다. 자물쇠가 채워지는 것도 무섭다. 어쨌든 질식할 것 같아서 무섭다'라는 사람의 경우도 과거세 리딩을 하면 역시 도망칠 수 없는 상황에 몰려서 죽음을 당한 일이 있다.

예를 들어 나치스의 가스실에서 죽었던 사람이라면 역시 갇히는 상황은 아주 무서울 것이다. 그런 식으로 대량 살해를 당한 경우 그 사람들은 비교적 빨리 다시 태어나지만, 그런 공포심을 가진 경우가 아주 많다.

혹은 훨씬 더 옛날을 리딩하면 이집트 시대까지 거슬러 올라가서 원인이 있는 경우도 있다.

이집트 시대에는 왕이 죽으면 왕을 시중들던 하인이나 시녀들은 보물과 함께 왕의 무덤에 생매장되는 일이 있었다. '왕이 저승에 가서 혼자라면 불편할 것이다. 생활이 힘들 테니까 부하도 같이 저 세상에 보내주자'라고 해서 같이 생매장을 한다는 것이다. 그 때문에 부하도 같이 피라미드 안에 생매장되어 죽게 된다. 저 세상에 부하도 같이 보내지 않으면, 저 세상에서는 왕으로서 생활할 수 없기 때문에 같이 죽이게 되는 것이다.

이런 경우도 본인은 아직 죽고 싶지 않았을 것이므로 그 카르마로서 폐소공포증이 나타날 수 있다. 그리고 생매장에 대한 공포심이 강하게 나타나는 일도 있다.

과거세의 영향이 나타나는 예 ⑥
― 공황장애인 사람

그리고 과거세에 예를 들어 산을 돌아다니다가 갑자기 산적에게 습격당해서 죽었거나 짐승들에게 기습을 당해서 죽었거나 강도에게 습격당해서 뒷골목에서 죽었거나 집안에 들어온 강도에게 살해당했거나 하는 식으로 죽게 된 사람은 공황장애 등이 나타나 여러 불안이나 공포심이 대단히 강하게 나타난다.

몇 가지 예를 제시했는데 이처럼 통상적으로 생각해서 다소 이상한 것, 이 세상적인 원인을 살펴봐도 충분히 알 수 없는 혹은 어렸을 때를 돌아봐도 정말로 원인이 없는 경우라면, 수많은 과거세 속에서 체험했던 이상체험 등이 매우 많이 나타났다는 것을 알아주었으면 한다.

전쟁 등에 의한 커다란 카르마의 영향도 있다

지금까지 말해 온 것처럼 '어떻게 죽었는가'는 다음 생에 상당히 영향이 크다. 그런 의미로 전쟁 등은 커다란 카르마를 만들 테니까 별로 바람직하지 않다. 전쟁에 의해 대량으로 사람을 죽이거나 혹은 죽거나 하면 새로운 카르마가 만들어져서 그 후 다시 태어날 때 힘들어질 것이다.

예를 들어 북한 등의 핵무기 개발에 의해 전쟁이 일어나 대량의 사람이 죽거나 하면 그 카르마를 가진 채 지상에 다시 태어나면 매우 힘들 것으로 생각된다.

민족 차원에서 죽이거나 죽음을 당하거나 할 경우에는 대량으로 죽인 쪽의 민족이 또 어느 시점에서 대량으로 죽음을 당하는 전쟁에 말려들 수도 있다. 그와 같은 민족 차원에서 카르마의 거둬들임이 있을지도 모르고 그런 경험이 나타날 수도 있다.

03

전생요법이 간과한 영의 영향

인생의 괴로움은 과거세의 부채를 갚는 면이 있다

금생에 의학적인 면만으로는 반드시 설명할 수 없는 병이나 그 사람의 인생에서 집요하고 긴 특수한 병이 생길 경우에는 과거세의 카르마가 나타난 경우가 많다. 그런 것을 스스로 점검해도 좋고 타인의 눈으로 봐서 조언을 구해도 좋을 것이다.

큰 병에는 인생의 대본이 있는 경우가 많고 도망칠 수 없는 것도 있다. 그런 시나리오를 바꾸기 위해서는, 조금 전에 서술한 것처럼 '왜 그런 병이 나타나는가'를 깊이 생각하여 자신의 인생 문제를 풀 필요가 있다. 거기서 어떤 사고방식을 가져야 하는지 생각해서 인생을 수정하려고 하면 할 수 있을 것이다.

다만 도저히 수정할 수 없는 것이어도 병들어서 죽는다는 형태로 하나의 보상이 되는 일이 많다. 이것을 하지 않으면 다음 번에 그 문제가 또 나타날 수도 있다.

그러므로 과거세에 다른 사람에게 아주 잔인한 짓을 했거나 포악한 행동을 했거나 도리에 어긋난 일로 남을 괴롭히거나 했을 경우에는 금생에 괴롭게 살아간다는 것 가운데에 '자신의 부채를 갚는다'라는 행위가 들어 있는 경우도 있다. 그런 괴로움이 인생의 과제 속에 들어갔을 경우가 있다.

부채를 갚고 있다는 것은 반대로 고마운 일이므로 지금 괴로워함으로 해서 '당신의 부채를 갚고 있다'는 면이 있다.

즉, 몇 년이나 몇십 년은 괴로울지도 모르지만 그것은 과거세에서 뭔가 원인이 있는 것이므로 그 부채나 빌린 돈을 갚는 것은 힘들더라도 완전하게 갚으라고 말하고 있는 것이다.

또 '빈(貧), 병(病), 쟁(爭)'이라고 말하듯이 가난함이나 병, 인간관계의 다툼 등으로 고생하는 경우도 있지만, 그 가운데에서 과거세의 카르마를 가지고 와서 다시 실험하는 상태거나 혹은 보상을 하는 것도 있다.

긴 안목으로 보면 그 괴로움에도 영원한 인생 속에서 행복의 씨앗이 있으므로 거기에 있는 신의 뜻, 부처의 뜻을 간파하여 자신이 갚아야 할 부채를 갚아야 한다.

오히려 만들어야 할 것은 저금이다. 복을 심는 식복(植福)의 부분을 만들어 갈 필요가 있을 것이다. 자신의 부채를 갚기만 하는 인생이어서는 안 되고 이번에는 더 좋은 인생을 살아가야만 한다. 반대로 플러스의 것을 낳고 다른 사람들을 행복하게 하는 삶을 살아 주기 바란다. 이번에는 그렇게 복을 쌓는 인생을 살아야 한다.

그런 의미로 '커다란 기회는 있다'는 것을 알아야만 할 것이다.

전생요법에서는 과거세와 빙의령이 혼동되고 있다

서양의학에서는 과거세 리딩이나 전생요법 등에 의해 현재 여러 가지 정신적인 병이나 기이한 병을 치료한다는 시도를 하고 있다.

다만 그런 의사의 문제로서 내가 납득하지 못하는 것이 있다. 중병을 앓고 정신과 의사를 찾은 사람일 경우, 보통은 무언가의 영적인 장애가 있어서 빙의령(憑依靈)이 씌었을 것이므로, 그것이 전생요법을 하는 사람에게는 나타나지 않고 그 사람의 '과거세의 전생(轉生)'으로서만 나타난다. 그래서 그런 사람에게는 뭔가 빙의령이 씌였을 것이므로 최면요법을 하면 그것을 이야기할 것이다.

그러므로 과거세라고 생각되는 것 가운데에는 그 사람에게 씌인 빙의령도 있는 것이 아니겠는가? 오래된 영은 다를지도 모르지만, 특히 지난 몇십 년 동안에 태어났었다는 사람 중에는 본인의 과거세가 아닌 것도 있는 것이 아닐까 생각된다. 나는 그런 전생요법 현장에 가보지 않았으므로 확인할 수는 없지만, 아마 그런 것도 혼재한 것이 아닐까 생각된다.

본인의 과거세인지 아닌지를 인정할 때는 강한 아이덴티티(독자성)라고 할까 '이것은 자신의 인생이다'라고 확실히 확인할 수 있는 것이 있으면 그렇다고 생각할 수 있지만, 그렇지 않은 것이라면 소위 영적 장애일 가능성이 높다.

의사는 이에 대해 잘 모른다. 전생요법의 경우 영적 장애와 과거세의 차이를 모르는 것이다.

영적인 면에 대한 이해가 불충분한 전생요법

또 전생요법에서는 과거세의 인생에서 그 다음 인생 사이에 중간생이라고 하는 짧은 중간 인생이 있다. 그동안은 허공에 뜬 느낌으로 떠 있다가 다시 태어난다는 것으로, 그 중간은 대단히 짧다고 말한다.

다만 영화 '영원의 법'(앞에서 서술)에서도 그려진 것처럼 대개의 경우, 혼이 저 세상의 세계에서 지내는 시간은 상당히 길다. 저 세상의 생활에 대해 의사들은 거의 이해를 할 수 없는 것이다. 이 부분이 정보로서 충분하지 않은 것이다.

나아가 최면요법에 의한 전생요법에서는 과거세의 기억 속에 지옥이 나오지 않는데 역시 이것은 이상한 일이다. 이 점에 대해 나는 납득할 수 없다.

전생요법에서는 지옥이 전혀 나오지 않는다. 어떻게 살았던 사람이어도 사후에 혼이 바로 허공에 떠서 빛의 존재의 마중을 받고 얼마 후 다시 태어난다는 것뿐이다.

'지옥의 부분이 나오지 않는다, 중간생의 부분에서 영계의 생활이 나오지 않는다, 빙의령과 전생을 구별하는 명확한 기준이 없다'는 것에 대해서는 의학이라고 해도 상당히 불충분하다고 생각된다.

04

정신병은 악령 빙의에 의해 일어난다

빙의되면 그 영과 똑같은 병의 증상이 나타난다

앞에서는 전생요법의 불충분한 점에 대해 서술했는데, 종교에서는 '영적 장애가 있어서 살아 있는 인간에게 죽은 사람의 영이 빙의될 수 있다'는 입장을 취한다. 그 때문에 과거세의 원인에 의해 병이 생길 경우도 있는가 하면, 현재 빙의된 영에 의해 일어나는 경우도 있다고 생각한다.

사후에 성불하지 못한 영이 빙의했을 경우, 그 죽은 사람이 죽었을 때의 증상이 그 영에게 빙의된 사람의 몸에 바로 나타난다. 영이 빙의됨으로써 이상발열이 나타나거나 와들와들 떨리는 오한을 느끼기도 하고 몸에 각종 병이 날 수도 있다. 암의 중상을 보이거나 심장병 증상을 보이거나 천식이 생기거나 머리가 아주 아프거나 하는 육체적인 증상이 죽은 사람의 빙의령에 의해 일어난다.

실제로 그런 사람에게 붙은 영을 내가 쫓아내면 바로 낫는 일이 있다.

어느 날 '우란분* 시기에 조상의 영을 제사 지내고 있었더니 갑자기 헉, 헉하고 거칠게 숨을 쉬며 고열이 나서 진땀을 흘리는 사람이 있다'는 연락을 받았다.

완전히 빙의되었다고 알았으므로 내가 원격지에서 전화상으로 ≪불설 정심법어≫를 읽어 주었다.

그렇게만 해 드렸는데도 그 사람은 회복되어 건강하게 걸어 다닐 수 있게 되었다. 그런 경험을 했을 때 '역시 죽은 사람의 증상이 그대로 나타났구나'라고 느꼈다.

이것을 의학적으로 진찰하면 완전히 병이라고 판정하겠지만, 불성불령(不成佛靈)이 들어갔을 뿐인데도 그런 증상이 나타난다는 것을 실제로 경험했다.

결국 종교의 사명으로서 약이나 외과수술 등을 사용할 수는

우란분 : (불교) 아귀도에 떨어진 망령을 위하여 여는 불사

없으므로 '병의 영적 측면이 있다면 그것에 대해서는 고치자'라는 입장이다. 이것을 해야만 한다.

정신분열증은 뇌의 병이 아니라 영적 장애이다

앞부분에서 서술한 행복의 과학 지부장의 고민에 관한 리포트를 보아도 '무거운 병이나 정신병에 대해 상당히 분발하고 있지만 전혀 효과가 없습니다. 어떻게 하면 좋겠습니까'라는 질문이 있었다. 그것은 쉽지 않다는 것이다. 상대가 좀처럼 쉽지 않다.

특히 가장 쉽지 않은 것이 정신병일 것이다.

정신분열병 혹은 최근에는 통합실조증이라고 하는 병은 인격이 분열된다. 자신의 자녀가 나이든 사람처럼 말하기 시작하거나 남자가 여자처럼 되거나 여러 가지로 폭력적인 행위로 치닫거나 한다. 심하게 난폭한 모습을 보이거나 울거나 할 때도 있다.

또 그들은 자살을 시도하기도 하고 가족에게 해를 끼치기도 하므로 주변 사람은 무서워서 견딜 수가 없고, 정신병원에 격리해서 쇠창살 안에 가두는 경우도 있어 딱하게 여겨지는 면도 있다.

　실제로 본인이 자살해 버리거나 다른 사람을 때리거나 칼로 찌르거나 할 두려움이 있기 때문에 격리하는 것도 이 세상적인 일정한 이유는 있는 법이다.

　의사는 이것을 두뇌의 병이라고 생각하지만 사실은 두뇌의 병이 아니라 영적 장애이므로 딱하게도 고칠 수 없는 것이다.

정신병원의 전기 쇼크는 악령떨이를 대신하는 것

　그와 같이 격리될 수도 있고 증상이 심할 경우에는 정신병 치료로써 전기 쇼크를 주는 경우도 있다.

　이것은 '쫓아내고 있다, 물리치고 있다'는 것과 거의 같을 것이다. 즉, 환자가 전기 쇼크를 받으면 빙의된 영도 깜짝 놀라 그 순간에는 떨어지기 때문에 일시적으로는 증상이 낫는 것이다.

　이와 같이 쇼크를 주어서 빙의하지 못하도록 한다는 의미에서는 악령떨이와 같다. 옛날식으로 말하면 악령떨이이다.

　예전에는 너구리나 여우가 씌인 경우에는 사람들이 막대기로 때리거나 발로 차거나 해서, 그것이 너무나 지나쳐 사람이 죽었던 일도 있었다. 사람이 죽어서 문제가 되어 재판까지 간 일도 있었는데 전기 쇼크는 때려서 쫓아내는 행위와 거의 같다.

의사는 환자에게 전기 쇼크를 주어서 치료하려고 하는데 악령떨이나 빙의령을 떼어내는 대신 전기 쇼크를 주는 것이며, 같은 일이다.

나아가 몸이 마음대로 되지 않는 약을 먹여서 날뛸 수 없도록 만든다. 몸을 녹초로 만들어서 축 늘어지게 해서 움직일 수 없도록 하여 격렬한 증상이 나오지 않게 하는 것이다.

그처럼 약으로 몸을 약화시키거나 전기 쇼크를 주거나 하는데 기본적으로는 영적 장애가 원인이다. 다만 그것은 증상이 심한 경우이기는 하다.

정신병은 육체가 다른 영에게 점거된 상태

정신병에 대해 비유한다면 다음과 같은 식이다.

독채가 있다고 하자. 그 독채에는 원래 창문이나 지붕, 문이 있어서 바깥쪽과 격리되어 있었다. 그런데 어느 날 현관문이 부서져 날아가고, 창문이나 샤시도 부서지고 지붕도 날아가 버렸다. 집안에는 원래의 거주자가 아직 살고는 있지만 바깥에서 마음대로 들어갈 수 있게 되어서 도둑이나 강도 등이 마음대로 들어갈 수 있는 상태가 되고 말았다.

정신병이란 이런 상태이다. 그렇게 되면 수비의 부분이 없어져 외부에서 마음대로 들어올 수 있게 되고 마는 것이다. 인격을 지키기 위한 벽이 무너졌기 때문에 육체에 다른 영이 마구 들어오는 상태이다. 하루 중의 대부분은 본인의 의식이 되돌아오지만 대개 다른 사람이 차례로 지배하는 식이라고 할까?

본인의 혼에는 영자선(靈子線, 육체와 영체를 잇는 가느다란 줄과 같은 선)이 있어서 가장 강하게 이어져 있어야 하지만, 시종 육체로부터 떨어져 있는 것이다. 수면 중에 일시적으로 떨어질 뿐이라면 괜찮지만, 본인의 혼이 낮에도 육체에서 벗어나 버렸기 때문에 다른 영에게 점거된 상태이다.

심한 정신병에 걸리면 빙의된 영도 하나가 아니다. 대개 5체(體) 전후나 10체 정도 씌인 사람도 많다. 그 정도로 빙의되면 엉망진창인 상태가 되어 그것들이 맘대로 들락날락하는 상태이다.

그런 영은 사실은 지옥에 있는 것이 괴로우므로 괴로움을 잊기 위해 나온 것이다. 살아 있는 인간에게 나타나 어떻게든 푸념이나 불평불만을 들어주었으면 하고 바라고 있다. 그리하여 편해지고 싶어서 공양을 시키려고 하는 것이다.

가족이나 선조의 불성불령이 장애를 일으킨다

정신병은 유전병이라고 말하는 경우가 있다. 그러나 실제로 유전하는 것은 아니다. 정신병에 걸린 사람은 확실히 체질적으로 영적 체질이 되기 쉬울지도 모르지만 유전하는 것은 아니고 가족이나 선조의 불성불령이 모여 있는 것이다.

예를 들어 몇 대 전의 조상 중에서 불행하게 세상을 떠난 사람이 있으면 성불하지 못한 경우도 있을 것이다. 그러면 자신의 자손을 찾아와서 빙의하여 무언가 지장을 일으키는 것이다. 그리고 '병들게 한다'는 것이다.

그리고 부상이나 사고를 일으키는 경우도 있다. 대체로 그 사람이 가장 귀여워하는 자녀 등, 가장 소중히 여기는 사람에게 자주 일으킨다. 뜻하지 않은 사고나 부상이 계속 일어난다면 보통 사람이라도 '이건 뭔가 이상하구나'라고 느낄 것이다. '누군가 헤매는 사람이 있는 것이 아닐까'라고 생각하고 열심히 조상공양을 시작할 것이다. 그것을 목적으로 삼아서 일으키는 것이다.

게다가 그렇게 빙의된 사람도 불행한 인생이 되므로, 죽고 나서 그 다음 자손에게 빙의하는 것이다. 그 때문에 1대였던 불성불령의 수가 2대, 3대라는 식으로 늘어나 조금씩 모여드는 것이다. 그리고 그 집안에서 가장 약하거나 모두가 걱정하거나 하는 사람에게 빙의하여 여러 가지 말을 하는 것이다.

예를 들어 자녀이면서 부모에게 욕을 퍼붓는 일이 있다. '네가 다 잘못했어'라든지 '너 때문에 이렇게 된 거야' 등으로 자녀가 말하기 시작할 경우는 대개 세상을 떠난 할아버지나 할머니, 그 전의 조상이거나 하는 일이 많다. 또는 부모의 형제 등인 경우도 있다.

요컨대 자신이 불행해진 이유를 지상에 남아 있는 사람의 탓으로 돌리려는 것이다. 이런 형태로 인격이 다른 사람한테 옮겨 가는 것이다.

극도의 영적 장애가 되면 이 세상과 저 세상의 구별이 되지 않게 된다

따라서 정신병자가 하는 말이 황당한 것 같아도 사실은 진실이다. 그 사람 안에 들어간 인격이 다를 뿐이며, 영 쪽에서 본다면 말하고 싶은 것을 말할 뿐이다.

정신병자는 지옥계를 체험하는 것이다. 살면서 지옥계를 보고 있으므로 '이상한 사람이 밤중에 침입한다. 말을 걸어온다' 등으로 말한다. 그리하여 혼잣말을 하거나 배회하거나 여러 가지 증상을 나타내는데 그것들은 현실이다.

즉, 극도의 영적 장애가 되면 영능력자와 같은 상태가 되어 영의 목소리가 들리거나 보이거나 느끼거나 해서 이 세상과 저 세상의 구별이 되지 않게 되어 격리당하는 것이다. 극심하게 영적 장애가 되면 영능력자와 거의 변함이 없는 상태가 되는데, 고급령은 못 오고 이상한 영이나 실성한 영들만 오는 것이다. 이런 상황에서 인격을 빼앗겨 버리는 것이다.

이에 대해 행복의 과학 지부장이 '악령격퇴기원'이나 '병쾌유기원'을 해도 낫지 않을 수 있는데 그것은 그럴 것이다. 집이 다 허물어져서 바깥에서 마음대로 드나들 수 있기 때문이다. 이미 인격이 붕괴된 상태이므로 이것을 개축한다는 것은 힘든 일이다.

물론 본인 자신에게 문제는 있었겠지만 아마 가족도 진리를 깨닫지 못하고, 조상의 카르마도 나타나 있는 것이므로 대단히 심각한 장애가 나타난 셈이다.

요컨대 헤매는 사람이 많이 와서 도와 달라고 말하지만 자손에게 도울 만큼의 힘이 없는 상황이다.

소악마나 마왕은 죽인다고 몇 번이나 말하며 자살을 부추긴다

그런 영들이 4체, 5체, 6체나 빙의되었을 뿐만 아니라 개중에는 여러 종교를 찾아다녔다가 조상 이외의 영까지 받아들이고 말았던 경우도 있다. 다른 종교를 찾아다니는 동안에 헤매던 불성불의 종교령(宗敎靈)이나 그 종교령과 연고가 있는 영이 많이 들어와 한층 더 복잡해진다.

조상 정도라면 그래도 괜찮지만, 나아가 그런 종교령들도 포함하여 소악마나 마왕과 같은 것이 빙의할 수도 있다. 이것은 '죽음의 신' 등이라고 말하는 경우도 있다.

이런 소악마나 마왕과 같은 것이 빙의할 경우에는 대체로 빙의 당한 사람을 죽일 생각을 가지고 있다. 그 때문에 죽이겠다는 목소리가 자주 들려온다. '너를 죽이겠다'라든지 '가족을 죽이겠다'라든지 그런 목소리가 들려오며, 실제로 그렇게 말하는 것이다.

그리하여 자살하게 만든다. 자살하게 만들어서 그 사람이 또 불성불령이 되고, 다음 사람에게 빙의하는 악순환이 되는 것이다. 그들은 '죽이겠다'라든지 '저주한다' 등으로 말하므로 정말 큰일이다.

05

악령 빙의에 대처하는 방법

진리지식의 부족과 자기중심으로 살아가는 모습이 헤매는 근본

인생에서 방황하는 근본은 '인간으로서 살아 있을 때에 행복의 과학이 가르치는 올바른 삶의 방법을 모른다, 사람의 본질은 혼이며 저 세상의 세계가 있다는 것, 죽으면 영이 된다는 것을 모른다'는 것이다. 그런 진리지식을 깨닫지 못한 것이 헤매는 근본이다.

이런 사람들은 죽은 다음에 목숨이 있어도 어떻게 하면 좋은지 알 수 없기 때문에 가족 등을 찾아올 수밖에 없다. 그 외에 갈 곳이 없으므로 인연이 있는 곳으로 가는 것이다.

또 하나는 자기중심으로 살았다는 것이다. 즉, 남을 위해 살지 않았던 것이다. 행복의 과학에서는 주는 사랑의 가르침을 설하는데 사랑의 실천을 하지 않은 사람들이다.

자기중심적이고 이기적이며 다른 사람에게 사랑을 주는 일도 없었고 '죽으면 전부 없어진다, 영이나 저 세상은 없다'라고 생각했던 사람들이 지금 그런 모습이 되어 자손에게 빙의해서 괴롭히는 것이다.

이런 사람들에게는 이해하기 쉬운 말로 기본적인 진리를 설함과 동시에 가족이 그것을 실천하지 않으면 안 된다.

그리고 가족의 공양만으로는 충분하지 않으므로 행복의 과학 지부나 정사 등에서 도사와 함께 돌아가신 분을 공양하는 것이 중요하다. 행복의 과학 공양은 삶의 잘못을 바로잡음과 동시에 영계의 진실을 가르친다.

더군다나 구제받고 싶은 자기중심적인 마음 때문에 사람들을 괴롭히면 더욱 악을 거듭하게 된다. 좋은 일을 하지 않으면 안 된다는 것을 차분히 설명해야 한다.

헤매는 상대를 명확하게 알아서 공양하는 것이 효과가 있다

또 그런 사람에게는 될 수 있으면 이름을 써서 개인적으로 공양해 드리는 쪽이 효력은 높을 것이다. 막연하게 공양해도 듣지 않으므로 될 수 있으면 할아버지나 큰아버지, 작은아버지, 고모 등 아는 분이 돌아가셨을 경우에는 개인적으로 공양하는 쪽이 좋을 것이다.

예를 들어 정신병으로 다른 사람에게 빙의되었을 때 잘 관찰하면 남자인지 여자인지는 알 수 있을 것이다.

그리고 그 버릇을 보면 알 수 있다. 본인이 하지 않던 버릇을 하므로 손버릇이나 머리를 갸웃거리는 버릇, 말투, 눈짓, 행동 시 나타나는 버릇, 음식의 기호 등을 보고, 만일 집안에서 세상을 떠난 분 중에서 누군가와 아주 흡사한 행동이나 표현, 생활습관 등이 있으면 그 사람일 것이다.

역시 '그 사람이다'라고 인식해서 공양하는 쪽이 효과가 있다. 막연하게 말해도 듣지 않는다. 행동하는 방식이나 말투 등으로 보아 '그 사람이다, 이것은 틀림없이 외할아버지다'라고 생각된다면 그 사람이 헤매는 이유를 생각하고 그 사람에게 설교할 필요가 있다.

한 명을 설득하고 성불시키는 것은 힘들다

나도 불성불령에게 설교한 적이 있는데 그들은 상당히 끈질기기 때문에 잘못을 바로잡고 납득시키려면 30분 정도를 가지고서는 무리이며 1시간이나 걸릴 때도 많다. 만일 5명이라면 5시간이나 걸리고 여러 날에 걸쳐서 한다면 5일은 걸린다.

또 한 번에 성불하지 못하는 경우도 많으므로 행복의 과학 지부에서 50명이나 100명 정도의 많은 인원을 한꺼번에 '악령격퇴기원'을 지부장이 올린다고 해도 그리 간단히 몇십 명에게 듣는 것도 아니다. 개인을 상대로 해도 1체를 성불시키는 데에 1시간 정도 설득하지 않으면 좀처럼 성불되지 않는다.

'당신은 할머니죠? 이렇게 살아가고 계셨죠? 이기적이었죠? 남의 말을 듣지 않았죠? 돈에 집착해서 자녀가 힘들어도 아무것도 도와주지 않았죠? 병들었을 때에도 아무 것도 해주지 않았죠? 도와주지 않았죠? 나이가 들어서 멋대로 행동하며 푸념, 다른 사람의 욕만 하고 있었죠? 남에게 폐를 끼치면서 감사를 하지 않았죠?'라는 말을 하나씩 해주지 않으면 납득하지 못한다.

그와 같이 개인 한 명의 잘못을 바로잡아 성불시키는데 최소한 1시간 정도 설득하지 않으면 안 된다. 또한 친족이 생전에 전혀 불법진리와 인연이 없었던 사람이라면, 일반 수준의 가르침이나 ≪불설 정심법어≫를 읽어도 이해하지 못한다.

내 설법은 영적인 힘이 강하지만, 내용을 이해하지 못할 경우에는 싫어하므로, 일단 그 자리에서 벗어나려고 하거나 난폭하게 행동한다. 내 설법 영상이 가장 효과가 있지만, 그것을 보여주면 난폭하게 날뛰는 것이다. 대단히 싫어해서 난폭하게 날뛰므로 가족이 지부나 정사에 갈 수 없도록 만들기 시작한다. 그 저항은 대단히 강하다.

다만 가르침으로 설득해도 내용이 어려워서 이해가 되지 않는 경우도 있으므로, 더 알기 쉬운 수준으로 설득하지 않으면 안 될 것이다. 1체라도 1시간 정도는 걸리므로 5체, 10체가 되면 시간이 더 많이 걸릴 것이다.

이것들을 지부장이 일일이 상대하면 지부의 일을 제대로 할 수 없으니까, 한두 번으로 끝내는 경우가 있을 것이다. 그러나 한두 번 정도로 정신병인 사람이나 무거운 영적 장애에 의해 병든 사람 등은 낫지 않을 것이다. 이것은 상당히 힘든 일이므로 가족도 분발해야 하고 시간도 상당히 걸린다.

만일 실제로 할아버지나 할머니가 살아 있다고 가정하고, 그것을 납득시키려고 한다면 힘들 것이다. 그리 간단히는 말을 듣지 않는다. 그것은 세상을 떠나도 똑같다.

이와 같이 '그 사람의 인생관을 바꾸어 반성하게 만든다'는 것은 힘든 일이며 그만큼 시간이 걸리는 것이다.

노력에 의해 중병이나 정신병이 나을 가능성은 있다

또 법력으로 불성불령을 딱 떼어내도 성불하지 않았을 경우에는 다시 돌아온다. 빙의되었던 사람이 깨닫지 않았기 때문에 또 빙의되는 것이다.

다만 그런 정신병까지 갔을 경우, 본인은 육체와 영자선이 이어져 있어도 겁이 많거나 무서워해서 혼이 육체로부터 떨어져 있으므로, 가족도 '부디 본인의 혼, 의식이 확실히 육체를 지배할 수 있도록 자신의 육체로 되돌아와 주세요, 정신 차리지 않으면 안 돼!'라는 염파를 내야만 한다.

남편이라면 '정신 차리고 돌아오세요. 당신의 몸이잖아요. 자신의 육체를 지배하세요. 당신에게는 영자선이 이어져 있으니까 이것은 당신의 인생이에요. 타인의 인생이 아니니까 다른 자에게 육체를 빼앗겨서는 안 돼요'라고 강하게 자각시켜서 '자신의 인생을 지배해야 하는 것이다'는 마음을 가지도록 만들어 주어야만 한다.

그와 동시에 빙의된 자를 떼어내도록 해야 할 것이고, 설득을 해야 한다.

물론 행복의 과학 지부에서 '악령격퇴기원'을 하면 일시적으로 떨어지거나 하므로 효과가 없는 것은 아니지만, 몇십 명을 상대로 기원을 한 번 올려서 두 번 다시 오지 않을 만큼 쉽지는 않다. 내가 설득해도 한 명마다 1시간 정도는 걸리기에 100년 전 쯤의 할아버지나 할머니 등은 그리 간단히 납득하지 않는다. 그 사람이 알아듣는 수준으로 이야기를 하지 않으면 안 되기에 그것은 힘든 일이다.

그런 의미에서 역시 살아 있는 사람이 제대로 진리를 학습하고 실천하거나 혹은 수행하는 것은 중요한 일이다. 그것은 한 가지 방향성이므로 해결될 가능성은 있다. 노력에 의해 중병이나 정신병이라도 고칠 수 있는 가능성은 있다.

다만 실제로는 대단히 강렬하기에 거기에 대응하는 과정에서 반작용이 나타나 난폭하게 굴기 시작하거나 자살해 버리거나 혹은 가족에게 폭력을 휘두르거나 칼로 찌르거나 불을 지르거나 하는 데까지 갈 수 있으므로, 이 세상적인 지혜도 쓰지 않으면 힘든 면은 있다. 그렇듯이 완전히 본인이 아닌 상태가 되었을 경우가 있다.

그런 경우에는 정신병원에 입원시키는 것도 어쩔 수 없을지도 모르겠다. 그것에 의해 영적인 것이 해를 끼칠 수 없게 되면 그 힘이 약해질 수도 있으므로 격리하지 않으면 안 될 경우도 있을 것이다.

인생의 중대한 국면에서 좌절한 경우에 미치는 영향

이와 같은 경우에 유감스럽지만 의사는 고치지 못한다.

그것은 앞에서 서술한 자동차의 예로 말한다면 '차가 크게 파손되면 더 이상 달릴 수 없게 된다'는 것과 같다. 즉, 인생에서 정신적, 심적으로 붕괴되어서 이미 원래대로 돌아가지 않는 경우가 있다는 것이다. 불쌍하지만 그런 일이 있다.

그와 같이 인간의 정신적, 심적인 것을 빼앗겼을 경우에는 인생의 중대한 국면에서 좌절하는 경우가 있다.

예를 들어 사춘기인 중학교에서 고등학교, 대학교에 진학해서 갖는 인간관계에서 좌절을 겪는 일이 있다.

또 부모의 이혼에 의해 아버지가 집을 나가거나 어머니가 집을 나가거나 하는 일이 있을지도 모른다. 그리고 사별, 부모가 세상을 떠나거나 형제 중의 한 명이 죽거나 하는 일도 있을 것이다.

혹은 입시에 실패해서 큰 쇼크를 받는 일도 있고, 연애에 실패해서 자살충동으로 우울증 상태가 될 수도 있다. 나아가 부모의 사업이 도산해서 야반도주를 하거나 큰 병을 앓거나 하는 일도 있을 수 있다.

요컨대 자기자신이 싫어져서 격렬하게 자신을 부정할 것 같은 시기에 혼이 육체로부터 떨어져 나가고 싶어 하는 것이다. 이 틈에 악령이 들어와 빙의하는 것이다. 자기자신이 싫어지고 인생이 싫어져서 '이런 인간이 되는 것은 싫다'고 생각하는 시기에 대체로 악령이 들어올 수 있다.

그와 같이 인생의 쇼크를 받는 시기에 빙의되는 것이다.

그 외에도 이상한 종교에 가서 빙의되는 경우도 있다. 거기에서 인연이 생기는 경우가 있다.

불행한 병이나 정신병을 인생의 전환기라고 받아들인다

이와 같이 실로 복잡하고 괴상해서 어렵지만, 기본은 진리를 공부하여 올바른 인생관을 가지는 일이다. 올바른 인생관에 근거하여 수행에 들어가는 것이다.

그리고 악령을 격퇴하려면 일정한 법력이 필요하므로 수행한 사람의 힘을 빌릴 필요가 있다는 것을 알아두면 좋을 것이다.

하여간 인생에 비참한 결과가 있었다고 해도 그것이 최소한으로 그칠 수 있도록 노력하고, 내세 이후에 카르마를 남기지 않도록 하는 것이 중요하다.

다만 불행한 병이나 정신병 등이 생겼다고 해도 가족에게 무언가를 가르치려고 한다는 것은 사실이다. 그것에 의해 자손들이 잘못된 삶을 살고 있다는 것을 가르치려고 한다는 것은 사실이다. '여러분도 우리(악령)처럼 된다'고 가르치는 것이다.

그러므로 그것을 좋은 관점에서 받아들이려고 한다면 인생의 전환기라고 받아들여 주기 바란다. 인생을 다시 살아가는 혹은 인생을 다시 생각하는 계기로 삼아 주기를 바란다.

그런 의미에서는 '빈, 병, 쟁'이라고 하는 가난함이나 병, 인간관계의 다툼이나 갈등도 진리의 입구가 되고 신앙의 실마리가 된다. 당신의 인생을 다른 인생으로 바꾸기 위한 찬스가 된다. 당신의 인생 시나리오를 다시 쓸 찬스가 되고 과거세의 카르마를 청산하는 찬스가 되기도 한다.

부디 그와 같은 것을 잘 생각하면서 본 장의 '병과 카르마 · 영적 장애에 대하여'를 배워 가면 좋을 것이다.

3장

병에 관한 질의응답

01

신앙의 기적으로 협심증이 나았다

Q1
먼저 신앙생활 속에서 일어났던 기적에 대해 답례를 드리고 싶습니다.
실은 작년(2012년)에 협심증이라고 진단받고 카테터 치료를 받았습니다. 그때 의사로부터 '당신은 99% 죽을 목숨이었는데 자연치유적으로 우회 혈관이 만들어져서 목숨을 건진 것이다'라는 말을 들었습니다. 정말 감사합니다.

오오카와 류우호오
네. (청중 박수)

Q1

그 후 그 기회에 여러 가지 검사도 받을 생각으로 다른 병원에서 복부검사도 받았더니 복강동맥에도 협착(좁게 오그라진 것)이 있다는 것을 알았습니다. 원래라면 수술을 해야 했지만 거기에도 우회 혈관이 만들어져서 살았던 것 같습니다. 정말 감사합니다. (청중 박수)

지금까지 그런 것을 전혀 모른 채 낙관적으로 건강하게 분발해 왔습니다만, 그 당시 죽었어도 이상하지 않았다는 것을 잘 알게 되었습니다. 그래서 기적에 대한 답례를 꼭 드리고 싶다고 오늘은 바라고 있었습니다. 다시 한 번 목숨을 살려주셔서 정말 감사합니다.

오오카와 류우호오

아니, 천만에요.

Q1

그 때 '우리 100살까지 사는 모임(주로 만 55세 이상의 행복의 과학 신자를 대상으로 한 모임)의 신자에게는 사명이 있다'라고 절실히 느꼈던 것과 동시에, 제 꿈으로 '세계 100살 모임'을 만들고 싶다. 그래서 100살 모임 분들과 함께 영어 공부 등도 하고 싶다고 바라고 있으므로, 그런 꿈의 실현을 위한 교시를 해주셨으면 합니다.

오오카와 류우호오

병이라는 경험을 통해서 인생관이 바뀌는 경우도 있다

병이 잘 치유된 것은 당연한 일입니다. '기적'이라고 할 것까지는 없고, 행복의 과학에서는 당연한 일이므로 감사 받을 정도는 아닙니다.

다만 병에도 좋은 면은 있습니다. 병을 앓지 않으면 환자의 마음을 모를 수 있는데, 한 번 정도 병을 앓아 보면 환자의 마음을 잘 알게 되어 상냥해지거나 친절해지는 일이 있고, 인생관이 바뀌는 경우도 있습니다.

나도 본래 병을 앓을만한 사람은 아니지만, 한 번 병을 경험하자 '병 치유'를 많이 할 수 있게 되어서 다 말하기 곤란할 정도로 병이 낫고 있는 상황입니다.

그 전까지는 별로 낫지 않았는데, 그것은 내가 병을 앓은 적이 없었으므로 환자의 마음을 충분히 몰랐기 때문일지도 모르겠습니다.

그런데 한 번 병을 경험하자 그 후에는 빈번하게 '병 치유'를 할 수 있게 되었습니다. 직접 이야기하는 것만으로도 낫는 경우가 있지만, 이야기도 하지 않고 내가 곁을 지나가기만 해도 낫거나, 요즘은 '신비의 법'이라고 하는 영화(2012년 10월 공개, 제작

총지휘·오오카와 류우호오)를 봤을 뿐인데도 병이 낫거나 금가루가 떨어진다거나 제멋대로 여러 가지 상황이 일어나고 있습니다. (청중 웃음)

　나도 거기까지 기대했던 것은 아니었지만 '영화를 봤을 뿐인데도 암이 나았다'라는 일은 일본뿐만 아니라 해외에서도 일어났으므로 일본어로 해서 기적이 일어난 것은 아닙니다. 해외에서도 여러 가지 병이 낫는 것입니다.

　아마도 여러분의 믿는 힘이 강해지면 기적은 더욱더 커져 갈 것입니다.

　어떤 의미에서 당신(질문자)과 같은 경험을 한 사람은 '그런 기적을 일으킬 사명이 있을지도 모른다'라고 생각해도 좋습니다. 즉, 다른 사람의 병을 치유하거나 하는 사명입니다.

　혹은 지진으로 인한 재해에서 살아남은 사람도 '이번에는 다른 사람들에게 그와 같은 기적을 일으킬 사명이 있을지도 모른다'라고 생각해도 좋지 않겠습니까?

병드는 사람과 병이 낫는 사람의 차이

확실히 우회 혈관이 생기는 일이 있습니다. 신기하게도 어딘가가 막혀도 다른 곳에 멋대로 우회 혈관이 생기는 것이어서 이것은 굉장한 일이겠지요.

역시 잠재의식 속에서 '병을 긍정하고 실제로 그것을 바라고 있다. 마음속 깊은 곳에서 병을 바라고 있다'는 경우 그쪽으로 끌려가겠지만, 그렇게 바라지 않는다면 낫는 방향으로 움직일 가능성은 높습니다.

또 병원은 어느 쪽인가 하면 나쁜 결과를 말해 두는 일이 많습니다. 그 쪽이 환자가 실제로 나빠졌어도 비난받지 않고, 반대로 좋아졌다면 기뻐하기 때문입니다. 그러나 그것이 무슨 점을 쳐서 나쁜 결과라도 들었던 것처럼 환자의 머리에 박혀서 정말 그대로 되는 경우가 있으므로 실제로는 의사의 말을 듣지 않는 사람일수록 빨리 낫는 것 같습니다. (웃음)

의사가 공부는 잘했을지 모르지만 관료처럼 자기방어를 하므로 자신이 책임을 지지 않도록 말하는 기술이 능숙합니다. 그 때문에 나쁜 예상을 말하는데, 그것에 반발하는 사람은 대체로 죽지 않고, 얌전하게 따른 사람은 죽는 모양입니다.

따라서 의사로부터 '여명 1개월'이라든지 '여명 3개월'이라는 말을 들었다면 전부 '1년, 3년, 30년' 등으로 고쳐서 생각하면 좋지 않겠습니까?

그렇지만 병원을 부정하는 것은 아닙니다. 행복의 과학도 병원을 만들지도 모르므로 부정할 생각은 없습니다.

인생에 목표가 있으면 머리는 나빠지지 않는다

또 '100살까지 사는 모임'의 사명인데, 다음 세대의 젊은 사람들이 세대의 틀을 뛰어넘어 점점 일을 해 주게 되면 세계 수준까지 발전시킬 여지가 있는 것이 아닐까 생각됩니다.

그것은 상당히 커다란 일이 될 것이므로 기대하고 싶은 일입니다.

'영어 공부도 시작하고 싶다'고 하셨는데 아직 해낼 수 있을 것입니다.

나는 지금 자신감이 넘칩니다. 10대, 20대의 사람과 경쟁해도 아직 지지 않습니다. 이 머리라는 장치는 그리 간단히 망가지지 않습니다.

어떤 일이라도 그렇듯이 아무 것도 하지 않고 내버려두면 약해지지만, 계속 단련하면 나빠지지 않습니다.

오늘은 강의를 위해 책(《평생 현역인생》 행복의 과학 출판 간행)을 1권 가지고 왔는데, 나는 책을 읽을 때에 메모를 하지 않습니다. 젊었을 때 30세 정도부터 그렇게 해왔는데 아직도 메모는 하지 않습니다. 메모를 하지 않아도 전부 기억할 수 있습니다. 책을 읽기만 해도 기억해 버리는 것입니다.

그와 같이 머리는 나빠지지 않습니다. 좋아질 뿐이며 나빠지지 않습니다.

오히려 젊은 사람들은 나를 따라잡을 수 없는 괴로움을 맛볼 것 같은데, 그들을 단련시키는 것도 나이가 많은 사람의 일이므로, 그런 의미에서 '여러분, 기억력이 나쁘네요'라고 말해보고 싶어집니다.(청중 박수)

지금 나는 영어단어 숙어집 등을 많이 만들고 있는데, 행복의 과학 학원에서는 학원생에게 '3번 베껴라'라고 해서 열심히 기억하게 만드는 것 같습니다. 그것은 왕도이므로 그것으로도 좋을 것입니다.

다만 나 같은 경우에는 보기만 해도 읽기만 해도 전부 기억하므로 대단히 미안하지만, 보통은 몇 달이나 걸려서 기억할 내용을 하루 만에 마칩니다.

요컨대 '정년과 동시에 일이 끝나고 공부도 끝난다'라고 생각하는 사람은 끝나는 것도 빠르지만 '나이가 듦에 따라 머리가 좋아진다'라고 생각하는 사람은 문제없습니다.

세계에서도 일류까지 갔던 사람 중에는 95세가 되어도 아직 머리가 멀쩡한 사람은 많습니다. 그것은 역시 인생에 목표, 공부할 목표가 있었기 때문이 아니겠습니까?

나는 지금 자신의 서고 등을 살펴볼 때에 '100살까지는 책을 쓸 수 있다'고 하는 자신이 있습니다. 너무 의무적으로 하려면 힘들겠지만, 작년(2012년)에 나는 서점용으로 책을 101권이나 냈습니다. 즉, 젊었을 때보다도 지금 더 많이 일하고 있는 것입니다.

2년 전(2010년)에는 책을 52권 발매하여 '기네스북'에 게재되었는데, 작년에는 그 2배인 101권을 발간, 기네스 기록을 깼습니다. 그 다음은 어떻게 해야 할지 정말로 난처한 상황입니다 (2013년은 106권 발간).

아무튼 머리는 나빠지지 않습니다.

인간의 능력은 얼마든지 단련할 수 있다

뇌세포는 대부분이 잠자고 있으며, 단련된 곳만 램프의 불이 조금씩 커지는 것과 같은 식입니다. 물론 그 램프에는 내구 연수(耐久年數)가 있어서 끊어질 때가 있지만, 아직 사용하지 않은 '램프'가 머릿속에 많이 있기 때문에 '뇌 부근에 수많은 램프가 있다'고 생각하고 그것을 차례로 켜면 계속해서 반짝입니다.

따라서 젊었을 때에 관심을 가지기는 했지만 아직 충분히 파악하지 못했다거나, 달성한 느낌을 얻지 못한 곳은 이제부터 대응해도 아직 늦지 않은 수준이라고 할 수 있습니다.

인간의 능력은 의외로 많습니다. 세상에는 훌륭한 재능을 활용하지 못하고 썩히는 경우가 많은데, 이제부터 더욱더 좋은 일을 할 수 있을 것입니다. 물론 노력하지 않는 사람에게 길은 열리지 않지만, 그렇게 바라면서 정진하며 지낸다면 의외로 잘 할 수 있게 되는 것입니다.

특히 사회경험을 쌓은 분일 경우, 확실히 체력적으로는 조금 떨어졌을지도 모르지만, 직무능력이나 일하는 방법과 같은 것은 젊은 사람에 비해 뛰어난 경우가 많을 것입니다. 따라서 그 뛰어난 직무능력을 살리면 새로운 것에 착수해도 의외로 단시간에 할 수 있게 될 것입니다.

그러므로 '세계 100살 모임'도 그 뛰어난 직무능력을 살려 주시면 좋지 않겠습니까?

기억력 등도 단련하면 아직 떨어지지 않습니다. 단련하면 더욱더 신장됩니다. 젊은 사람에게 패하지 않을 것입니다.

부디 '생물학적, 의학적으로 이렇다 저렇다'라든지 '과학적으로 이렇다 저렇다'라는 말은 될 수 있는 한 듣지 않도록 해주십시오.

'나는 나다. 나는 나이며 신과 직통으로 이어져 있다. 신불과 직통으로 이어져서 지금 살아가고 있다. 그렇게 생각한다면 모든 역경은 뒤집을 수 있는 것이다'라고 생각하는 편이 좋습니다. 기대하고 있겠습니다.(청중 박수)

이 질문자가 기원을 받은 후 협심증이 개선된 체험을 본서 권말에 게재 (CASE 5)

02

가까운 사람이 백혈병, 지방육종, 자궁암이 걸렸다

Q2
내 주변에서 세 명이 중증암에 걸려서 힘들게 지냅니다.

한 명은 법우(행복의 과학 진리를 함께 배우는 동료)이며 급성백혈병인 혈액암에 걸렸습니다.

두 번째 사람은 저의 형부로 회원은 아니지만, 악성 지방육종이라고 해서 장기(臟器)가 아닌 지방에 암이 생긴다고 하는 10만 명에 한 명이 걸린다는 희귀한 병에 걸렸습니다.

오오카와 류우호오
지방에 암이 생겼다면 상당히 힘들었겠군요. 웬만하면 지방에 암은 생기지 않습니다.

Q2
그리고 마지막은 저희 회사 동료 부인입니다만 자궁암이 재발되었습니다.

나는 이 세 명을 어떻게 해서든지 고치고 싶다는 마음으로 가득합니다. 이전부터 '병을 고치려면 신앙심의 확립이 대단히 중요하며, 본인의 노력도 영향을 준다'라고 설해 주셨습니다만, (제1장 참조) 저희처럼 주변에 있는 법우들이 신앙 파워를 집결하여 다른 사람의 병을 고치기 위해서는 어떤 마음의 준비가 필요하겠습니까?

또 그처럼 신앙 파워가 집결함으로써 '3차원 세계의 법칙이 바뀌어 간다'라는 말씀도 하셨습니다만 어떻게 암세포를 소멸시키는 것입니까? 그 메커니즘도 교시해 주셨으면 합니다.

오오카와 류우호오
이 세상과 저 세상에 관해 최소한의 깨달음을 가진다

세 명 있을 경우 사정은 아마 전부 다르겠지만, 우선은 이 세상과 저 세상의 관계에 관한 최소한의 깨달음은 가지고 있지 않으면 파워가 작용하기 힘듭니다.

　최소한의 깨달음이란 '인간은 이 세상과 저 세상을 전생윤회하는 존재다. 지금은 육체에 깃들여서 이 세상에서 살지만, 저 세상에서 왔다가 또 저 세상으로 돌아가는 존재다. 영체(靈體) 쪽이 본체다'라는 것입니다. 이런 사고방식을 기본적으로 가져 주었으면 합니다.

병을 자신에게 주어진 과제라고 받아들인다

　그 다음으로 이 세상에서는 인간관계나 일, 사업 등 다양한 장면에서 난처한 일이 많이 나타나겠지만, 지금 서술한 최초의 사고방식, 깨달음에서 볼 때 이 세상은 학교이며 그 모두가 배울 것이 있다는 것을 알아야만 합니다.

　자신에게 주어진 과제를 숙제가 너무 많다고 말하며 화를 내는 학생처럼 되지 말고 '그 문제에서 나름대로 하나의 답을 찾아 보자'라고 생각해 주십시오.

　이것을 공안(公案)*이라고 받아들여서 '왜 내가 이런 병이 들

공안(公案) : 선종에서 수행자가 깨달음을 열기 위해서 주어진 문제, 화두

었는가'를 생각해 보는 것입니다. 금생의 어디에 원인이 있는가? 혹은 금생에 원인이 없다면 금생보다 전에 있을 경우도 있습니다. '이런 원인은 어디에 있었는가'에 관해서 생각할 수 있는 것은 생각하고, 반성할 수 있는 것이 있으면 반성하는 것이 중요합니다.

병들었어도 생각을 플러스의 방향으로 향하게 하는 노력을

또 하나는 환자에게는 어려운 일이기는 하지만 '현재 자신이 병을 앓고 있어도 그래도 세상을 위해 혹은 이타를 위해 무언가 조금이라도 도움이 되는 일을 할 수는 없는가'라는 생각을 될 수 있는 한 마음속에서 집중해서 하셨으면 합니다.

요컨대 플러스의 방향, 창조적인 방향, 생산적인 방향으로 마음의 바늘이 향할 수 있도록 노력을 해 주십시오.

병 쪽에 집중해 가면 '나빠져서 죽는다'라는 그림밖에 보이지 않게 됩니다. 그리하여 비극의 영웅이나 히로인이 되어 주변 사람들을 울리는 영화를 스스로 열심히 만들게 되는 것입니다.

그런 것이 아니라 그 가운데에서 다시 일어서서 주변에 보답해 갈 수 있거나 전혀 다른 자신으로 변해 갈 수 있는 스토리를 마음속에서 몇 번이나 계속 만들어내는 이미지 훈련을 해 주십시오.

엘 칸타아레 신앙을 가지고 그 신앙에 맡기는 마음을 만든다

한편, 환자가 책을 읽을 수 있는 상태인가 아닌가도 있을 것입니다. 다만 책뿐만 아니라 내 설법 CD나 DVD 등도 있어서 그쪽도 공부할 수 있을 것입니다. 역시 다소 교학(행복의 과학 가르침을 공부하는 것)을 하셔서 엘 칸타아레 신앙을 제대로 받아들이고 확실히 가질 수 있다면 '낫지 않는 병은 없다'라는 것을 알게 될 것입니다.

역시 이 세상을 중심으로 살아가고 있으면 모든 것이 불안해지고 불확실하게 보이겠지만, 엘 칸타아레 신앙을 제대로 가질 수 있다면, 최후에는 전부 맡길 수 있는 마음이 될 것입니다. 그렇게 되면 갑자기 몸이 편해질 것입니다.

지방암이라는 것은 처음 들었는데, 백혈병이라면 고친 적이 있고, 다른 것도 대체로 고친 경험이 있으므로 기본적으로 고칠 수 없는 병은 없다고 봅니다.

인생이 호전되는 밝은 미래 비전을 그린다

나아가 병을 고치는 데에는 그 사람에게 남겨진 인생을 호전시키고 연장시킬 이유가 필요합니다. 따라서 '인생이 호전되고 연장될 수 있다면, 자기로서는 이런 미래를 만들어 가고 싶다'라고 하는 적극적인 미래 건설도 생각하는 사람이었으면 합니다.

또 주변도 그런 것을 지지하는 사람들이기를 바랍니다. 환자의 입에서는 푸념이나 부정적인 말이 여러 가지로 나오겠지만 '그것을 좋은 쪽으로 되돌릴 수 있도록 도와준다'는 것을 생각해 주셨으면 합니다.

인간에게는 무한한 가능성이 있습니다. 의사가 '반드시 죽는다'라고 말해도 '절대로 죽지 않는다'라고 생각해도 됩니다. 의사가 '80% 죽는다고 하면 80% 죽지 않는다, 100% 죽는다고 하면 100% 죽지 않는다, 수명이 1년 이내에 끝난다'라고 하면, 1년 이상 반드시 산다고 생각하면 좋을 것입니다.

대체로 의사에게 반론하는 환자일수록 오래 삽니다. 이것은 통계학적으로 나와 있는 것인데, 의사의 말을 곧이듣지 않는 쪽이 장수한다는 사실이 명확합니다.

그런데 의사는 매일 환자나 죽어 가는 사람을 보기 때문에 그런 것이 당연하게 보이는 것입니다.

단지 그것은 생선가게로 말하면 '생선을 들여놔도 내버려두면 모두 썩어 간다'라고 생각하는 것과 같은 일일 것입니다.

오히려 내버려둔 생선이 썩어 가는 것만을 상상할 것이 아니라, 제대로 조리해서 밥반찬으로 먹게 하여 사람들이 기뻐하는 모습을 상상하지 못한다면 좋은 생선가게가 아닙니다.

따라서 될 수 있는 한 그런 밝은 미래 비전을, 개인으로서도 주변으로서도 만들 수 있도록 생각하는 것입니다. 그 사람이 생각할 수 없다면 주변의 법우가 '어떤 비전을 만들 수 있는가'를 도와드리면 좋을 것입니다.

능력과 적성에 맞지 않는 일을 재조정했더니 백혈병이 나은 사례

이 세상의 수명에는 한계가 있을지도 모르지만, 될 수 있으면 좋은 심경에까지 드높인 다음에 저 세상으로 돌아가고 싶습니다. 급강하하면서 돌아가고 싶지는 않습니다. (청중 웃음)

될 수 있는 한 올라가는 상태로 '이 연장선상으로 가면 천국에 들어갈 수 있는 각도구나'라는 곳까지 확인하여 제대로 세상을 떠나고 싶습니다. 병을 계기로 더욱 마음이 악화된 경우가 많고, 주변 사람들까지 힘들게 하여 마이너스가 되는 수가 있으므로 주의해야만 합니다.

암은 일본의 국민병이며 사인(死因)으로서 가장 많은 병이므로, 어떤 의미에서 가장 넘쳐나고 누구든지 만들 수 있는 병입니다.

그러나 누구나 만들 수 있는 병이기 때문에 누구나 고칠 수 있는 병이기도 합니다. 가장 걸리기 쉬운 병, 들기 쉬운 병이기 때문에 가장 고치기 쉬운 병입니다.

내가 아는 사람은 백혈병에 걸리고 나서 반년 만에 고쳤습니다. 그 사람은 매니지먼트 계통의 일이 맞지 않았는데, 우연히 스카우트되어서 큰 조직을 맡아서 하다 보니 백혈병이 걸렸습니다. 그래서 '이제 그 일에서 벗어나게 해드리지 않으면 낫지 않을 것이다'라고 생각하고 벗어나게 해드렸더니 나았습니다.

역시 본인의 능력을 초월한 곳, 적성이 없는 곳에서 매우 괴로워할 경우 병드는 경우가 많으므로, 그 부분도 잘 살펴보아야 합니다.

병의 진정한 원인을 간파하여 아토피성 피부염이 나은 사례

다음은 신통력을 발휘하여 '왜 그 병이 일어났는가'를 간파하는 것이 중요합니다.

예를 들어 인간관계가 원인으로 병이 일어났다면 그 원인을 밝혀내어 사실을 파악할 수 있었다면 그것으로 치유되는 일이 있습니다.

《진실에 대한 깨달음》(행복의 과학 출판 간행)이라는 책에도 썼는데, 이전에 하코네 정사(箱根精舍, 행복의 과학 연수시설 중의 하나)에서 설법한 후의 질의응답 시간에 우연히 '내 과거세는 우주인이라고 생각됩니다만 어떻습니까'라는 질문이 있었습니다. 그래서 내가 우주인 리딩(육대(六大) 신통력을 사용하여 지구에 전생(轉生)한 우주인의 혼의 기억을 읽어 들이는 것)을 행하였더니 '그 사람은 지구에 오기 전에 화성에서 땅 속에 살았기 때문에 햇빛이 비추는 곳에 나가기를 꺼려한다'는 것을 알게 되었습니다.

그 남성은 태양 빛을 받으면 아토피성 피부염이 생기는 병으로 고민하고 있었다는 것을 나중에 알았습니다. 그런데 내 리딩 결과를 들은 다음 그 병이 나아 버렸습니다. 피부가 깨끗해져서 이제 두 번 다시 아토피성 피부염은 발생하지 않게 되었던 것입니다. (아토피가 고쳐진 체험을 본서 권말에 게재 CASE 3)

그와 같이 원인의 부분을 지적받고 알게 되면 순간적으로 병이 '붕괴'하는 경우는 많습니다. '제3자는 객관적인 입장에서 볼 수 있다'고 하듯이 각각의 사람에게 '병의 주된 원인은 이것이구나'라고 생각되는 것이 있으면 주변 사람이 가르쳐 주는 것이 중요하다고 봅니다.

세 명을 한꺼번에 물어봐서 개별로 지도해 드릴 수 없는 것이 유감이지만, 교단이 '너무 커진 비운(悲運)'을 한탄하지 말고 부디 텍스트(앞에서 서술한 《기적의 암 극복법》등)에 의해 많은 사람들을 단번에 고치려고 하는 것을 행운이라고 생각해 주십시오.

행복의 과학을 시작한지 얼마 안 되어서 1년 정도는 개별 지도하여 고친 적도 있었지만, 그 후는 바빠서 할 수 없었습니다.

지금은 병에 관련된 책이 몇 권인가 있으므로 그런 것을 사용하여 대량으로 여러 곳에서 고치고 있습니다.

영적인 악영향을 제거하는 《불설 정심법어》의 공덕

또 영적 원인이 있는 병의 대부분은 《불설 정심법어*》로

불설 정심법어 : 행복의 과학의 근본 경전으로 불타의 의식으로 서술한 것

고칠 수 있습니다. 경문 내용이 이해되고 그 CD(CD판 ≪불설 정심 법어≫)를 매일 되풀이 하여 들으면 낫습니다. 스스로 읽을 수 없어도 CD를 틀어 놓기만 해도 공덕은 있으므로 그런 것을 잘 도입하기만 하면 영적인 것이 원인일 경우 그것을 제거함으로써 낫기 시작하는 것입니다.

예를 들어 암으로 세상을 떠난 사람에게 빙의되면 암이 되어 죽는 경우가 대단히 많은데, 그 경우 세상을 떠난 사람과 같은 증상이 바로 나타나기 시작합니다. 그런 가능성도 있으므로 역시 행복의 과학의 진리가 제대로 마음속 깊은 곳까지 들어가도록 해 주지 않으면 안 될 것입니다.

하여간 오늘, 당신이 질문자로서 선택되었던 것만으로도 빛이 흐르기 시작했다는 것입니다.

내 경우에는 특정한 사람에게 빛을 발사하지 않아도 반드시 빛이 흘러갑니다. 오늘, 당신이 질문함으로써 당신을 하늘에서 지켜보는 자가 당신을 따라가서 당신과 관계가 있는 사람을 앞으로 지켜보고 잘 돌봐줄 것이므로, 밤에 집으로 돌아가서 잘 부탁드려 보십시오. 반드시 무언가 변화가 나타나게 될 것입니다.

03

간호사에게 필요한 말의 힘이란

Q3
나는 간호사로서 의료 복지현장에서 일하고 있었습니다만, 생각하는 것이 있어서 올해 4월부터 간호학교의 교사가 되었습니다.

지금까지의 경험을 살려서 간호사 후보생, 간호에 종사하는 인재를 이제부터 많이 길러 가고 싶습니다.

그래서 장래에 간호의 이상적인 모습에 대해 부디 가르쳐 주셨으면 합니다.

오오카와 류우호오

간호사가 환자에게 주는 영향력은 크다

역시 내용이 중요하다고 봅니다. 간호할 때의 작업이나 활동 등을 흉내 내어 패턴화할 수는 있고 매뉴얼로 어느 정도 가르칠 수는 있지만, 마음의 내용까지는 간단히 가르칠 수 없는 면이 있습니다.

형태만은 흉내 낼 수 있지만, 대하는 상대는 인간이고 특히 약해진 사람이 많으므로 간호사의 말이나 표정의 움직임 하나 하나가 대단히 큰 영향을 주는 것입니다.

간호사 여러분은 그처럼 생각하지 않을지도 모르지만, 중태인 사람이나 죽음에 임박한 사람이 볼 때 간호사는 정말로 빛의 천사로 보이는 존재입니다. '나는 죽는 걸까? 죽지 않는 걸까'를 읽어내려고 간호사의 대수롭지 않은 말도 빠뜨리지 않고 들으며, 표정이나 눈의 움직임도 놓치지 않도록 지그시 응시하고 있습니다.

따라서 간호사 후보생이라면 마음공부를 제대로 해 주는 것이 좋을 것입니다. 그것은 실제의 일에도 도움이 될 것으로 생각합니다.

간호사는 환자를 격려하는 빛의 말을 건넨다

행복의 과학은 결코 의학을 부정하는 것은 아니지만, 의학 속에서도 서양의학 쪽은 유물론에 의한 텍스트밖에 없고, 그 외의 곳은 탐구하지 않은 상태입니다. 즉, 마음의 힘이라는 부분에 대해서는 판정되어 있지 않습니다.

그러나 의외로 간호사 쪽은 그다지 유물론적인 상태는 아니므로 마음의 힘을 사용할 수 있는 면이 있습니다.

기본적으로 의사는 책임을 지지 않아도 되게끔 먼저 나쁜 결과를 말하는 버릇이 있습니다. 이것은 수재의 버릇과 똑같은데 공부를 잘하게 되면 먼저 나쁜 결과를 생각하는 버릇이 생깁니다.

또 '최악일 경우는 이렇습니다'라고 말해 두면 그보다 조금이라도 좋아질 경우, '솜씨가 좋다'고 판정되므로 의사에게는 아무래도 나쁜 결과를 말하는 버릇이 있는 것입니다.

한편, 간호사는 거기까지 책임이 물어지지는 않을 것이므로, 환자를 격려하는 정어(正語, 올바른 말), 혹은 빛의 말을 해 주면 좋을 것입니다.

40대 후반에 의학적으로는 거의 죽었던 적이 있는 나

지금 나는 기운이 팔팔하고 신기하게도 몸은 30대 초반보다 더 건강한 것 같습니다.

그렇지만 나도 한 번은 40대 후반에 심장에 이상이 생겨서 의학적으로는 거의 죽었던 일이 있습니다. 나는 전혀 죽었다는 느낌은 없었는데 의학적으로는 죽었다는 것을 의사가 자신만만하게 선언했던 것 같습니다.

그런데 나는 그런 것을 전혀 모르고 바로 퇴원할 생각으로 있었습니다. 애초 건강검진을 받으러 왔는데 조금 문제가 있다고 해서 입원하게 된 것입니다.

나는 검사하러 왔을 뿐인데도 붙잡혀 버렸다고 생각하고 있었습니다. 병원에서 건강검진을 오랜 기간 받지 않았으므로, '몸의 상태가 이상하다. 검사만은 한 번 받아두자'라고 생각하고 병원에 갔었는데 갑자기 입원하게 된 것입니다.

더구나 '이제 위독하다'라든지 '이제 사실상 죽었습니다'라든지 의사의 여러 가지 말을 들어도 나로서는 '말도 안 된다. 조금 전까지 두 발로 걸어 다니면서 검사를 받았던 인간이 "당신은 의학적으로는 죽었습니다"라는 말을 들어도 그걸 어떻게 믿으란 말인가'라고 생각했습니다.

그러나 왠지 몸에 많은 튜브를 꽂고 여러 가지로 검사를 받았더니 조금씩 병든 것 같은 느낌이 들어서 역시 불안해졌습니다.

또 의사는 어쨌든 모든 것을 나쁜 쪽으로 인식하여 과로로 쓰러진 것 같다는 식으로 점점 이상할 정도로 소문이 커져 갔습니다. 게다가 의사인데도 사실 확인이 되지 않은 소문을 믿고 '돌계단의 도중에서 넘어진 모양이다' 등 여러 소문이 돌았습니다.

다만 실제로는 전혀 그런 것이 아니었고 아침에 돌계단을 걷고 있었더니 뭔가 좀 몸이 무겁다는 느낌이 들어서 병원에 와본 것 뿐이었습니다.

그런데 의사는 '이 상태로는 오늘 저녁을 넘길 수 없을 것입니다'라는 말을 가족에게 했던 것 같습니다.

한편, 나는 그런 사정을 모르고 지도령(指導靈)에게 물어보았더니 '1주일이나 10일도 안되어 퇴원할 수 있을 것이다'라고 했으므로, 그것을 믿고 전혀 걱정은 하지 않았습니다.

야간담당 간호사가 걸어주었던 잊을 수 없는 말

나는 그날 밤 야간담당 간호사가 해준 말을 아직도 잊지 못합니다. 그 사람은 '당신을 절대로 죽게 하지 않겠습니다'라고 한마디 해 주었습니다.

참고로 그 사람은 미인이었습니다. 그 다음에 병원에 갔을 때에는 보이지 않았으므로 결혼을 한 것 같지만, 그 미인 간호사가 '절대로 죽게 하지 않겠습니다'라고 한마디 말해 주었던 것이 기뻤습니다.

나도 그럴 생각으로 지냈는데 아무래도 주변 상황이 이상했고, 내가 저녁밥을 먹고 있었더니 다들 도깨비라도 본 것 같은 눈으로 지그시 바라보고 있었습니다. 즉, '의학적으로 죽은 사람이 젓가락질을 하며 저녁밥을 먹고 있다. 이런 일은 있을 수 없다'라고 생각했던 것 같습니다.

나는 '뭐가 이상합니까? 맛있네요, 이 밥은' 등으로 말하며 저녁밥을 먹었는데 설마 의사가 '죽었다, 지금 죽지 않아도 오늘 저녁에는 죽는다'라고 말했다는 것을 몰랐습니다.

또 다음날 아침, 나는 일어나서 일을 하고 있었습니다. 다른 간호사에게 쓸 종이를 갖다 달라고 해서 병실에서 종합본부에 지시할 것을 쓰고 있었습니다.

그러자 아침에 왔던 간호사가 '아직도 살아 있었나'라는 식으로 깜짝 놀란 표정을 지으며 나를 보는 것입니다. 나는 도대체 무엇을 보고 놀라는지 전혀 알 수 없어서 '이 사람은 뭔가 착각한 게 아닐까'라고 생각했습니다.

내가 죽을 때는 정확히 저 세상에서 많은 영인이 맞이하러 오므로 반드시 알 수 있는데, 그때는 맞이하러 오지 않았으므로 죽을 리가 없다는 것을 알고 있었습니다.

게다가 퇴원 가능한 예정일까지 저 세상의 영인한테 물어보고 있었던 것입니다.

그 때문에 전혀 개의치 않고 다음날부터 재활훈련으로 운동을 시작하였더니 주변 사람들은 '이럴 수는 없다'라며 머리가 아찔했던 모양입니다.

드디어 나는 후생노동성의 기준을 깨고 퇴원해서 돌아왔는데, 그것은 '빨리 빠져나오지 않고 이대로 잡혀 있으면 살해당할지도 모른다'라고 생각했기 때문입니다.

그렇다 하더라도 간호사가 '절대로 죽게 하지 않겠습니다'라고 말해 주었던 것은 기뻤습니다. 주변에서는 아무래도 내가 죽는다고 생각한 모양이다는 것을 조금씩 느낌으로서 알게 되었으므로, 그 가운데에서 '절대로 죽게 하지 않을 테니까요'라고 말해 주었던 것은 기쁜 일이었습니다.

'반드시 죽습니다'라는 말을 들으면, 개중에는 충격을 받고 정말로 죽는 사람이 있을지도 모르겠습니다. 역시 말에는 힘이 있습니다.

의학잡지에 기적으로서 게재된 내 경험

나는 지금 인생의 후반에 들어갔는데, 이렇게 건강해져서 곤란한 상태입니다. '좀 더 연령에 맞는 몸이어도 좋지 않을까'라고 생각하는데도 어쩐지 젊어지는 것입니다. '우주인의 에너지'가 들어와 이렇게 되었는지도 모르겠습니다.

젊었을 때는 지금만큼 일을 하지 못했었습니다. 이만큼 일을 하면 쓰러지므로 못했는데 지금은 건강해졌습니다. 그와 같이 의학적으로는 있을 수 없는 일이 많이 일어난 것입니다.

이런 나의 경험이 의학잡지에 '있을 수 없는 기적'이라고 익명으로 실린 것 같습니다. 신자 여러분이 행복의 과학 포교지에 실린 것처럼 나도 익명, 연령 미상, 직업 미상으로 실린 모양입니다.

병을 체험하는 의미

나는 의사로부터 '의학적으로는 죽었다는 말을 들었고 그 다음에 장기이식이 필요하다. 오래 버텨도 올해 중에는 죽는다'라는 말을 들었고, 최후에는 5년 이내에 80% 이상의 확률로 죽는다'는 말을 들었습니다. 의사는 멋대로 여러 가지 말을 했지만 전부 빗나갔습니다.

나의 마음의 힘 쪽이 상당히 강했던 것입니다. 애당초 사명이 끝나지 않았는데 죽을 리가 없습니다. 사명이 끝날 때까지는 절대로 그런 일은 있을 수 없습니다.

결국 그런 체험을 하지 않으면 환자의 마음을 알 수 없으므로 '내가 병을 잘 고칠 수 있도록 하기 위해 일단 병을 체험하게 만든 것이 아닐까'라고 생각하고 있습니다.

확실히 그 후에 다른 사람들의 병을 아주 잘 고칠 수 있게 되었습니다. 너무 팔팔하면 환자의 입장을 이해하기 어려우므로 가끔은 좀 병을 앓은 편이 좋은지도 모르겠습니다.

종교가 중에는 '큰 병을 앓고 그것이 낫고 난 후 깨달음을 얻었다'라는 사람이 대단히 많습니다. 그런 의미에서는 나에게도 병은 필요했다고 생각됩니다.

마음의 힘, 말의 힘으로 병을 고치자

되풀이 말하는데, 그 때에 들었던 '절대로 죽게 하지 않겠습니다'라는 한마디가 내 기억에 강하게 남아있으므로 말은 역시 중요하다고 생각합니다.

환자는 모두 대단히 불안해서 '사실은 더 나쁜 것이 아닐까'라고 나쁜 것을 많이 생각하므로 역시 격려해 드리는 것이 중요합니다.

너무 명확한 거짓말은 안 되겠지만 격려는 중요합니다. 인간은 정신적인 존재이므로 살아갈 희망을 가지면 좋아지는 것입니다.

참고로 의사가 쓴 것인데 '입원 환자 중에서 인생에서 가장 꼴불견이었다고 생각되었던 것이 종교가였다'라는 이야기도 있습니다. '훌륭한 고승이라고 하는 사람이 ICU(집중진료실)에 실려 갈 때가 가장 꼴불견인 모습이었다. "죽고 싶지 않다, 죽고 싶지 않아"라고 말하며 날뛰고 있었다'는 것입니다. 그와 같은 창피한 이야기가 있는 모양입니다.

하여간 기본적으로 종교가는 담력을 키워야 하는데, 간호사 쪽도 마음의 힘, 말의 힘으로써 병을 고치자고 생각하는 쪽이 좋을 것입니다.

의사는 책임을 지고 싶지 않으므로 우선 나쁜 결과를 말하지만 그것 때문에 오히려 나빠지는 경우도 있는 것입니다.

　또 약사도 '이 약은 평생 복용을 해야만 합니다'라고 말할 때가 있습니다. 저쪽은 약을 계속해서 판매하는 것이 일이므로 그런 면은 어쩔 수 없지만, 역시 인간에게는 자연치유력이 있습니다. 병은 거의 자연치유력으로 낫는 것이어서 사실은 약으로 고쳐지는 것은 아닙니다. 이 부분은 종교와 묘한 접점이 있는 미묘한 곳이기는 합니다.

　따라서 '마음의 힘, 말의 힘으로써 병을 고치자'라는 마음을 가지고 있으면 병을 고칠 수 있게 될 것입니다. 또 행복의 과학의 수행을 하고 있으면 눈에 보이지 않는 힘이 작용하여 '의사가 아닌 사람'이 치유해 주는 경우가 있습니다. 병은 고칠 수 있으므로 될 수 있는 한 지도령의 힘을 받아서 병을 고쳐 주십시오.

　'그 사람 주변만 자꾸 병이 잘 낫는다'라는 간호사를 배출할 수 있으면 좋겠지요. 마음의 수행을 하면 병을 고칠 수 있는 비율이 최소한 25%에서 30% 정도는 올라갈 것입니다. 기대하고 있겠습니다.

04

≪불설 정심법어≫에 의한 병 치유의 기적

Q4
작년에는 이차원(異次元) 파워를 사용한 전도도 가르쳐 주셨습니다만, (≪이차원 파워에 눈을 떠라≫ 종교법인 행복의 과학 간행 참조) 한층 더 '신불의 도움이 된다'는 의미에서 저희의 본래 힘을 발휘하려면 어떻게 하면 좋겠습니까?

오오카와 류우호오
≪불설 정심법어≫를 써서 악령이 떨어지는 현상을 체험한다
아마 현재의 일본에는 전통불교로 만족하는 사람이 많은 것이

아닐까 생각합니다. 신앙심이 있는 사람이라도 이미 전통적인 불교가 있으므로 그것으로 충분하다고 생각하는 것이겠지요.

그러나 전통불교에 의해 실제로 사람이 구제되는가 아닌가? 예를 들어 살아있는 동안에 구제되었는가, 죽은 다음에 구제되었는가? 이 부분에 대해서 아무런 보고(報告)도 없는 것이 실제 상황입니다.

단순히 습관, 습속(習俗)이 되어 '우리 집은 대대로 이러니까요'라는 식으로 된 것이 아닙니까? 역시 얼마나 구했는가가 중요합니다.

이 점에서 행복의 과학은 지금 정확히 실증을 하고 있습니다.

예를 들어 코보대사 쿠카이(弘法大師·空海)는 밀교의 비술(秘術)을 구사하여 상당한 법력을 가졌던 분이라고 생각되고, 그 법력에는 악령이나 사악한 영을 날려버릴 만큼의 힘이 있었다고 생각되지만, 제자 쪽에는 잘 전해지지 않았을 것입니다. 그런 의미에서는 지금 진언종(眞言宗)에서 악령이나 사악한 영에 홀린 사람들을 쉽게 구할 수 있는 힘이 그만큼 있다고는 생각되지 않습니다.

한편, 행복의 과학에서는 빙의된 악령이나 악마가 떨어져 나가는 체험을 하는 일이 많습니다. 실제로 법력에 해당하는 것이 현상으로 나타나 경험하는 일이 있습니다.

특히 《불설 정심법어》는 물론 독송해도 효과는 대단히 큰데, CD도 나와 있습니다(비매품. 삼귀신자 한정). 나도 자신이 소리 내어 읽은 CD를 스스로 자주 사용하는데, 그 CD의 효력을 스스로 말하는 것은 자화자찬이고 아전인수라서 말하기는 그렇지만 악령이 있을 경우 《불설 정심법어》의 CD를 튼다기보다도 틀려고 하는 단계에서 바로 도망치기 시작하므로 그 위력은 상당합니다.

'틀면 도망친다'라는 것이라면 당연하겠지만, 틀려는 동작을 일으키는 단계, '이제부터 CD재생기로 틀자'라고 생각해서 몸을 움직인 순간에 도망치려고 하는 것이기에 상당히 무서운 것이겠지요. CD에는 약 20분으로 경문 전부(7개)가 들어 있는데, 그것들은 악령들에게는 상당히 무서운 경문입니다.

행복의 과학에는 실제로 영능력이 있거나 영적 현상을 일으킬 수 있는 제자도 다소 있지만, 그런 사람에게 악령 등이 왔을 경우, 이 CD를 들어보면 정말로 바로 반응이 나옵니다. 악령은 정말 괴롭고 힘들기에 진땀을 빼는 것입니다. 빛의 총탄이나 수많은 빛의 화살이 온몸에 박히는 듯한 느낌이 드는 것이겠지요.

그와 같이 《불설 정심법어》 CD는 대단히 강력합니다.

매일 불법진리를 접함으로서 어둠을 쫓아낸다

 그 밖의 불법진리 경전도 똑같습니다. 영적인 눈으로 볼 수 있는 사람들은 서점에 진열된 내 책은 '뭔가 빛의 덩어리처럼 보인다'라고 말하는데, 실제 그렇게 보이는 모양입니다.

 내가 재가 시절, 아직 회사에 다닐 때에 《니치렌(日蓮)의 영언》부터 차례로 책을 냈는데, 5권 째인 《소크라테스의 영언》을 냈을 때에 당시 있었던 나고야(名古屋)의 큰 서점에 가서 진열된 《소크라테스의 영언》을 본 적이 있습니다. 그랬더니 그 책 주변에 빛이 나와서 공간이 조금 흔들리는 것 같은 느낌이 들었습니다. 책이 흔들리는 것처럼 그 주변에서 빛이 나와 있었습니다.

 그와 같이 '진리 서적에는 정말로 힘이 있다'는 것을 알 수 있습니다.

 따라서 자택에 《불설 정심법어》나 그 밖의 여러 가지 행복의 과학 서적 등을 가진 사람은 부적처럼 확실하게 마를 막는 역할을 하고 있다고 할 수 있습니다.

 적어도 매일 한 권의 진리서적을 읽거나 CD를 듣거나 DVD를 보는 시간을 내서 그것을 매일 계속하면 빛이 확실하게 들어옵니다.

역시 이 세상에서는 주의하지 않으면, 반대로 나쁜 쪽으로 조금씩 물들기 쉽습니다. 그러나 진리에 관한 것을 넣으면 나쁜 것은 빠져 나갑니다. 인간은 동시에 두 가지 생각을 할 수 없으므로 빛을 넣을 수 있으면 어둠은 쫓겨나서 사라지는 것입니다.

따라서 그것을 계속하는 것은 중요하다고 생각합니다. 또 그런 현상을 실제로 체험하는 사람이 늘어나면 차츰 행복의 과학을 이해하는 사람도 많아지는 것이 아니겠습니까?

다양한 기적 체험을 퍼뜨려 간다

행복의 과학은 의외로 인텔리 종교로서 시작되었기에, 다른 종교 같으면 더욱더 크게 퍼뜨릴 것 같은 현세이익적인 실증을 너무 큰 목소리로 말하지 않는 면이 있습니다. 그 때문에 조금 선전이 부족합니다.

행복의 과학에서는 '선전이란 신문에 광고를 내는 것이다'라고 생각하는 면이 있는데, 종교란 그런 것이 아니라 역시 입소문이나 사람에게서 사람으로 전해 가는 것입니다. 따라서 여러 현상의 체험을 이야기해 가는 것이 중요하다고 생각합니다.

예를 들어 실제로 주먹 크기의 암이 사라지거나 하는데, 이것을 의사에게 이야기한다면 전부 놀랄만한 일입니다. '그런 말도 안 되는 소리, 주먹 크기나 되는 암이 소멸해 버리다니, 그것도 하루 만에 사라지다니, 그런 일이 있을 수 있나'라고 의사도 말하겠지만 사라진 것은 사라진 것이므로 어쩔 수 없습니다.

혹은 치매에 걸렸던 노인이 삼귀서원(三歸誓願, 불·법·승의 삼보(三寶)에 귀의를 맹세하는 것)하여 내 건강법에 관한 설법을 듣기만 했는데도 치매가 나아버린 일이 있습니다. 그런 일은 의사의 입장에서 보면 있을 수 없는 일이지만 그것이 실제로 일어나는 것입니다.

이런 기적이 행복의 과학에서는 아직 당연한 일처럼 여겨지고 있습니다. 모두 묘한 평정심이 있어서 비교적 침착하게 받아들여 버리는 것입니다. 다른 단체라면 더욱더 주변에 말하고 다닐 일인데도 행복의 과학에서는 당연하게 받아들여서, 나도 상당히 나중에 듣게 되는 일이 있습니다. '그런 일도 있었나'라는 기적을 10년이나 20년 지나고 나서 들을 정도이므로, 행복의 과학 신자는 너무 겸손한 것인지도 모르겠습니다.

9센티미터 크기의 종양을 가진 말기암이 나았던 체험을 본서 권말에 게재 (CASE 4)

천상계의 신, 고급령의 응원을 받아들이는 마음을

병이 잘 낫는다는 남프랑스의 루르드의 기적 등에서도 교회 쪽은 그것을 인정하는 데에도 상당히 신중한 입장을 취합니다.

'기적이 일어났다'라고 말하는 사람은 많이 있지만, 그중 조사해 봐도 도저히 의심할 수 없는 것은 정말로 수가 적어집니다.

즉, '루르드를 순례하는 사람의 수는 매년 대단한 수이며, 과거까지 집계하면 몇백만 명, 몇천만 명이 찾아왔지만, 그 중의 몇십 명에게는 기적이 일어난 것이 아닐까'라고 엄격하게 인정을 하는 것 같습니다. 그러나 그것은 교회가 실제로 그와 같은 기적을 일으킬 수 없다는 것이 밝혀지는 것이 두려워서 별로 인정하고 싶어 하지 않는 것이겠지요.

한편, 행복의 과학에서는 실제로 여러 곳에서 기적이 일어나고 있습니다.

그 이유는 단순히 지상에 있는 강사나 관장 등에게 힘이 있다고 할 뿐만이 아니라 《불설 정심법어》 등의 경문 자체에도 힘이 있고, 실제로 천상계에서 신이나 고급령이라고 하는 분들이 현재 활동하며 응원해 주신다는 면은 있다고 생각합니다. 여기가 행복의 과학의 강한 면입니다.

옛날에 '응원하고 있었다'라는 것이 아니라 '현재 지금 응원하고 있다'는 것이 중요하며 그것을 받아들이는 마음을 갖는다면 여러 가지 현상이 일어납니다.

따라서 한 단계 더 가르침을 퍼뜨리기 위해서는 그런 행복의 현상을 많이 일으키는 것도 중요하다고 생각하고 있습니다.

'리딩'이란 고도의 깨달음을 얻은 사람 특유의 '육대 신통력' 능력 중의 하나이며, 혼의 상념대(想念帶) 속으로 들어가 의식을 읽어내는 '마인드 리딩'이나 특정한 장소에 영체의 일부를 이동시켜서 그 자리의 상황을 바라보는 '원격투시 리딩', CT스캔을 하는 것처럼 육체를 투시하여 내장의 장기와 대화하여 병소 부분을 특정(特定)하는 '피지컬 리딩' 등이 있습니다. 게다가 저자의 경우는 현재뿐만 아니라 과거와 미래의 시간도 지정해서 내다볼 수 있습니다. 소위 육대 신통력의 '신족통(神足通)*'과 '천리안'을 혼합한 시공간을 초월한 영능력입니다.

신족통(神足通) : ≪불교≫ 뜻대로 모습을 바꾸거나 마음대로 어디든지 날아갈 수 있는 신비한 능력

4장

병 리딩

01

아토피로 고민하는 남성을 리딩

20년 이상 아토피를 앓는 남성

Q1

자녀의 병에 대해 질문하겠습니다.

21살이 되는 자식이 생후 2개월 때부터 아토피를 앓고 있는데 가려움이 심하여 밤에 잠도 잘 수 없는 상태가 지금도 계속되고 있습니다.

좋다고 하는 방법은 여러모로 시험해 보았고, 병원도 알아보고 입원해서 치료를 받은 적도 있습니다.

그리고 기원도 받았습니다만 별로 신통치 않았습니다. 본인은 '자신의 신앙심이 부족하기 때문일 것이다'라고 오오카와 총재의 경전을 읽거나 행복의 과학 연수를 받거나 합니다만, 역시 일진일퇴(一進一退)로 좀처럼 좋아지지 않습니다.

병원에서도 원인은 찾지 못하고 있습니다.

오오카와 류우호오
그렇죠? 병원에서는 아토피의 원인은 모릅니다.

Q1
그리고 어렸을 때부터 소위 악령 파동을 가진 사람과 만나면 병세가 나빠진 적도 있습니다.

여러 가지로 시도해 봐도 원인을 알 수 없으므로 만일 뭔가 치료할 방향이 있다면 가르쳐 주셨으면 합니다.

오오카와 류우호오
네. 알았습니다.

자녀는 21살이라고 했는데 지금은 어떻게 지내고 있습니까?

Q1
대학 3학년입니다.

오오카와 류우호오
대학생입니까? 남성입니까?

Q1
남자입니다.

오오카와 류우호오
남성이군요. 가족관계는 어떻게 됩니까?

Q1
지금 가족은 세 명입니다. 남편은 타계했고 아이는 삼형제입니다만, 장남은 이미 독립했습니다. 아토피를 앓는 것은 차남입니다.

오오카와 류우호오
형제가 셋이고 남편은 돌아가셨군요. 언제쯤 돌아가셨습니까?

Q1
14년 전입니다.

오오카와 류우호오

그렇다면 차남은 지금 21살이므로 14년 전이라면 7살 정도 될 때입니까?

Q1

네. 7살 때입니다.

오오카와 류우호오

그러면 다른 형제는 지금 어떤 상태입니까?

Q1

위의 장남은 34살이 되었습니다.

오오카와 류우호오

꽤 나이 차이가 나는군요.

Q1

네. 이제 독립하였습니다. 셋째는 18살이고 대학 1학년입니다. 이 아이도 가끔 아토피가 생기는 경우도 있습니다만 심하지는 않고 바로 낫습니다.

오오카와 류우호오
주로 생계는 본인이 꾸려나가십니까?

Q1
네. 그렇습니다.

오오카와 류우호오
지금 이야기를 듣기로는 남편의 부분이 조금 마음에 걸리는군요.

Q1
그렇습니까?

오오카와 류우호오
돌아가신 이유는 병인가요?

Q1
암으로 세상을 떠났습니다.

오오카와 류우호오
암으로 돌아가셨군요.

Q1
네.

오오카와 류우호오
그렇습니까? 이것은 공개된 장소이기는 하지만 리딩을 하는 것이 더 빠를 것 같군요.

Q1
만일 할 수 있으면 부탁드립니다.

오오카와 류우호오

원인은 책임감과 자립할 수 없도록 하는 마음

그럼 실례지만 이름만이라도 좋으니까 가르쳐 주십시오.

Q1
○○○○라고 합니다.

오오카와 류우호오

○○○○ 씨. 21살, 대학생이군요.

왜 이 분이 아토피가 되었는가? 조금만 시간을 주시겠습니까? (왼쪽 손을 질문자를 향하고 오른손만으로 합장한 모습을 취한다. 약 5초 동안의 침묵. 손을 내린다. 약 20초 동안의 침묵)

음……. (약 5초 동안의 침묵)

이 사람은 정말 무겁네요. '무겁다'는 것은 정신적으로 대단히 무거운 느낌이 듭니다. 필시 이 사람은 원래 대단히 착한 사람이겠지요. 착한 사람이라고 생각됩니다.

다만 착한 사람이지만 정신적으로 대단히 무겁다는 느낌입니다.

그러니까 아버지의 몫과 자신의 책임, 그리고 당신의 미래 등 여러 가지를 복잡하게 받아들이고 있군요.

아주 착한 사람인데, 그 착함 때문에 책임감과 지나칠 정도로 무거운 짐을 짊어졌다는 느낌이 나에게는 전해져 옵니다.

이것은 당신이 아토피나 그 사람의 장래 등을 너무 지나치게 생각하면 안 된다고 생각합니다.

당신이 걱정해서 아이를 생각하면 할수록 그도 효도하고 싶으므로 '어떻게든 해결하고 싶다'라고 대단히 초조한 마음이 생기는 것입니다.

또 '사회에 나갔을 때에 지금의 상태로 얼마나 효도하고 자기실현해서 도움이 될 것인가'를 생각하니 대단히 무거운 것입니다. 힘들고 무거운 짐이라고 느껴지므로 좀 더 편하게 해주면 좋을 것입니다.

기본적으로 아토피처럼 몸밖에 나오는 것은 아들을 편하게 해주면 줄어들지만, 적어도 지금의 아들에게는 본래 세상을 떠난 남편이 하지 않으면 안 될 몫에 대한 책임감을 강하게 느낍니다.

그런 것을 가지고 있다고 느껴지므로, 반대로 당신은 '더 편하게 지내도 좋다'라는 조언을 해 주고 이제 편안하고 자유롭게 지내라는 방향으로 가지고 가서 이 무거운 짐을 덜어주는 편이 좋을 것입니다.

여러 가지 것을 자신의 책임이라고 생각해서 깊이 생각하는 버릇이 있다고 보이므로 '너는 더 홀가분하고 편해져도 좋아. 그런 것까지 너무 진지하게 생각하지 않아도 좋으니까. 어머니도 이제 자유롭게 살아갈 테니까 괜찮아'라고 말해 주는 것입니다.

지금 아토피로 고생하는 원인 중의 하나가 '가정에서 나가지 못하게 하는 마음'이 작용하고 있습니다.

즉, '가정에서 자립할 수 없도록 하자, 가족의 유대를 대단히 긴밀하게 만들어서 거기에서 나가지 못하게 하자'라는 인력이 작용하고 있다고 생각됩니다.

Q1

그런 생각을 하는 것은 저 자신입니까? 그렇지 않으면 아이입니까?

오오카와 류우호오

아니, 서로 공명하는 느낌이 듭니다. 서로 공명하는 것입니다.

오오카와 류우호오

부모와 자녀 모두가 시원시원한 성격이 된다

불법진리를 공부한 사람 중에는 어떤 의미에서 보통 이상으로 세세한 곳까지 생각하는 버릇이 있기 때문에 여러 가지 것이 실제 이상으로 심각하게 느껴지는 일이 있습니다.

그도 불법진리를 공부하고 있겠지만, 하나 부탁드리고 싶은 것은 '좀 더 시원시원한 성격이 될 수 있는 노력을 한다'는 것입니다.

당신도 자녀도 산뜻하게 살아주십시오.

살면서 불행한 일이 일어날 때가 있지만, 세상에는 그런 것은 많은 법입니다. 세상에는 가족이 죽을 경우도 있고, 부모나 자녀가 병드는 경우도 있습니다.

지금은 어쩌다가 아토피라는 병이지만, 그것은 아토피가 아니라 다른 병일 수도 있습니다. 다른 병일 수도 있었지만, 아토피가 된 것인데 이것은 몸의 가장 바깥쪽이기에 실은 그다지 대단한 것은 아닙니다. 내장에 더 나쁜 병에 걸릴 가능성도 있었지만 거기까지 가지 않고 지금은 바깥쪽에서 끝난 것이지요.

이것은 '바깥에서 멈춘 것만으로도 고마운 일이다'라고 생각하지 않으면 안 되겠지요.

어머니로서는 태평하고 좀 나쁜 아이라도 좋다고 생각할 것

아마도 이 근본 원인은 '책임감'이라고 생각합니다. 이것은 보통은 '좋은 것'으로 생각되지만 책임을 강하게 느끼는 성격이 근본 원인에 있다고 느껴집니다.

다만 이것 자체는 악은 아니기에 책임감이 떨어지지 않게 된 것이겠지요. 즉, 그 강한 책임감이 자석처럼 되어서 피부 표면에 외부와 차단하는 현상을 일으키고 있는 셈이지요. 그렇게 느껴집니다.

그래서 당신이 해줄 수 있는 것은 무엇일까요? 이런 말은 별로 쓰고 싶지 않지만, 좀 더 '머리가 가벼운' 어머니가 되면 좋겠습니다. 대학생인 그도 좀 더 머리가 가벼운 남성이 되었으면 합니다.

아토피를 가진 채 살아가는 사람은 많으므로 '서로 좀 더 가볍게 지내지 않겠는가? 인생에는 여러 가지가 있기에 가볍게 지내자. 아토피가 고쳐졌다고 해도 다른 더 나쁜 병에 걸려도 안 되니까, 신경 쓰지 않도록 하자'라는 것입니다.

대개의 경우는 인간관계의 원인으로 일어나고 있으므로 그 부분의 고민이 해결하면 아토피가 나을 수가 있는데, 지금 그의 인간관계까지는 들어가고 싶지 않으므로 말하지는 않겠습니다.

다만 적어도 그 근본원인은 책임을 느끼는 방식에 있습니다. 이것은 틀림없습니다. 자석의 중심에 있는 것은 이것입니다.

사실은 착하고 책임감이 강한 아이입니다. 그러니까 정말 착한 아이입니다. 그런데 정말 착한 아이이기 때문에 실은 그 병이 좀처럼 낫지 않는 것입니다.

따라서 '좀 더 나쁜 아이가 되어도 괜찮다'라고 말해 주십시오. '어머니한테 좀 더 나쁜 아이가 되어도 괜찮다'라는 식으로 다소 거리를 두어 주십시오.

'21살이나 되면 보통은 어머니를 힘들게 하는 법입니다. 너무 착한 아이는 좋지 않습니다. 너무 착한 아이로 지내면 세상에서 받아들이기 힘든 일이 많이 일어나기 때문에 가끔은 어머니가 울 것 같은 짓을 하라'라는 것입니다.

그렇게 하지 않고 참고 지내기에 아토피가 된 것이며, 더 쾌활하고 가볍게 인생을 살아가도록 노력하는 편이 좋다고 생각합니다.

그러니까 이번에는 보통 경우와는 조금 다를지도 모르겠습니다. 다소 인간관계의 문제도 있는 것 같은데, 그것은 말하기 어려운 부분이 있어서 하지 않겠습니다. 다만 적어도 책임감이 강한 면과 착한 성격이 원인의 중심에 자리 잡고 있습니다.

그리고 그것이 아토피라는 형태로 자신의 겉모습에 외부와 차단하는 무언가를 만들어 내려고 한다고 생각되는군요.

그러니까 당신은 '좀 더 태평하고 좀 나쁜 아이가 되어도 좋다'라는 식으로 생각하는 것이 좋습니다.

주위 사람들부터 그렇게 칭찬받을 필요도 없거니와 어머니로서의 책임이 물어질 이치도 아니므로 좀 더 강해지십시오.

'인생에는 가끔은 그런 일도 있단다. 암보다는 아토피 쪽이 좋지 않겠니?'라는 정도의 느낌으로 가볍게 생각하는 편이 좋을 것입니다.

원인은 그 부근에 있는 것입니다.

아토피가 낫는 요점은 인생의 문제집에 마련되어 있다

또 최종적으로 '아토피를 고칠 수 있는가 아닌가'인데, 고칠 수 있는 요점은 나타납니다.

그것은 아마도 '이성 문제'로 또 하나 나타날 것이라고 생각됩니다. 인생의 문제집의 다음 페이지에는 이성 문제가 쓰여 있으므로 그 이성과의 관계에서 '아토피를 고칠 수 있을 것인가 아닌가'라는 허들이 나옵니다.

따라서 아직 지금 시점에서는 다 해결되지 않을지도 모르지만, 다만 부탁드리고 싶은 것은 조금 전에 말한 것처럼 만사를 조금 가볍게 생각하는 노력을 해주십시오.

그리고 당신 자신은 될 수 있는 한, 대쪽같이 곧은 성격을 목표로 하여 '대략적으로 딱 생각하고 받아들일 것은 받아들인다'라는 식으로 하면 좋을 것입니다.

이것은 종교적 양심이 너무 강하면 그것이 어떤 의미에서 병을 일으킬 수도 있다는 경우라고 할 수 있습니다.

그는 나쁜 사람은 아니라고 생각되고 당신도 나쁜 사람은 아닐 것입니다. 그런데도 병이 생겼으므로 이상하게 생각하겠지만, 좀 더 손에서 놓지 않으면 안 되는 것이 있다고 생각되는군요.

그 중심에 있는 것은 '책임감'과 이 세상적인 다른 말로 말하면 '다른 사람들에게 좀 더 잘 보이고 싶다'라는 마음일 것입니다. 그 부분도 이제 포기하면 좋습니다. 그렇게 하면 편해집니다.

이것이 해결될 것인가는 다음에 이성 문제가 나왔을 때에 하나의 허들이 나올 것이므로 거기가 큰 고비가 될 것입니다.

다만 최후는 '평생 낫지 않아도 별로 개의치 않는다'라고 각오하면 의외로 낫는 법입니다.

낫지 않으면 나는 행복해질 수 없다고 생각하고 지내면 낫지 않고, 낫지 않아도 행복하다고 생각하고 지내면 낫는 면이 있으므로 그 부분의 사고방식을 좀 더 집요한 상태에서 산뜻한 모습으로 바꾸는 편이 좋다고 생각되는군요.

남편과의 관계에서도 조금 원인이 없는 것은 아니지만, 이것은 이번 테마로서는 별로 걸맞지 않다고 생각되므로 말하지 않기로 하겠습니다.

그러니까 이번에는 두 분의 관계를 문제로 해서 이야기를 했습니다. 좀 더 산뜻하고 단순하게 살아갑시다. 아마 그것으로 편해질 것입니다.

본 리딩 후 아토피가 치유된 체험을 본서 권말에 게재(CASE 1)

02

알츠하이머병과
암에 걸린 친족 5명을 리딩

친척 5명을 암으로 여의고 알츠하이머병을 앓는
어머니가 계시다

Q2
오오카와 총재의 가르침을 만나기 전의 일입니다만, 어릴 때에 백부와 백모, 조부모 등 가까운 친척 5명 정도를 암으로 여의었습니다.

오오카와 류우호오
5명!

Q2

네. 그렇게 암으로 돌아가신 분들에게 저희가 할 수 있는 공양에 대해 여쭙겠습니다.

어쩌면 그 영향이 있는 것이 아닐까라고 생각되는 병이 우리 어머니에게도 조금 있어서, 15년 정도 전부터 약년성(若年性) 알츠하이머* 병을 앓고 계십니다.

그리고 육친을 암으로 여읜 사람 중에는 자신도 암에 걸리기 쉬운 체질이 육체적으로 유전된다고 생각하는 사람이 많다고 생각하므로 그런 사람에게 조언하는 방법도 가르쳐 주셨으면 합니다.

오오카와 류우호오

네. 알았습니다.

옛날 드라마에서는 암에 걸린 사람이 나오는 장면은 죽음과 결부되는 경우가 많았을 것입니다. 그러나 요즘은 낫는 경우도 늘어나고 있으므로 반드시 죽는 것은 아니게 되었습니다. 그렇지만 역시 돈은 들고 괴로움이 오래 지속되기도 해서 여전히 비극의 상징이기는 합니다.

약년성(若年性) 알츠하이머 : 주로 40~50대에 발병하는 치매

그와 같이 암은 가장 걸리기 쉬운 병이기도 하고 그만큼 간단히 걸리는 병입니다. 즉 제일 간단히 걸리는 병은 제일 간단히 고칠 수 있는 병이기도 하다고 말할 수 있습니다.

오오카와 류우호오
천국에 돌아가지 않은 사람에게 유족이 취해야 할 것
시간적으로 전부는 무리라고 생각되지만, 이미 돌아가신 분 중에서 만일 성함을 말할 수 있는 분이 계시면 한 명에 5초 이내로 판정해 볼까요?

Q2
네. 먼저 한 명은 어머니의 언니로 A라고 합니다.

오오카와 류우호오
A씨. (약 5초 동안의 침묵)

음……, 천국에는 가지 못했군요. 그러나 그렇게 깊은 지옥은 아닙니다. 깊은 편은 아니네요.

천국에는 가지 못했지만, 깊은 지옥도 아니므로 이것은 인도

할 수 있는 범위라고 생각합니다.

Q2
그렇습니까?

오오카와 류우호오
그러니까 여러분의 평상시 정진 속에서 상대의 성함을 부르며 진리를 전함으로써 구제할 수 있는 범위 내에 이 사람은 있군요.

그러면 다음 사람의 성함을 말씀해 주십시오.

Q2
A의 언니인 B라고 합니다.

오오카와 류우호오
B씨. (약 5초 동안의 침묵) 이쪽은 좀 더 나쁜 것 같네요.(약 5초 동안의 침묵)

이 사람은 아직 병원의 침대 같은, 병실과 같은 곳에서 투병하는 것처럼 보였으므로 진리는 잘 모른다고 생각됩니다.

Q2
제가 아주 어렸을 때에 돌아가셨습니다.

오오카와 류우호오

그렇군요. 스스로는 아직 병을 앓고 있다는 생각으로 지내고 있고 '병으로 세상을 떠나 영계에 있다'라는, 지금 자신이 놓인 상황을 파악하지 못했다고 생각됩니다.

그러니까 인생의 의미나 혼의 의미, 종교가 갖는 의미라든지 또는 '천국이란 어떤 곳인가, 어떤 생각을 가지면 천국에 갈 수 있는가'를 그 사람의 이름이나 혹은 무언가 그 사람과 이어지는 것을 주변에 두고 사념을 보내 드림으로써 공양하는 것은 가능하다고 생각합니다.

오오카와 류우호오

알츠하이머병의 원인은 빙의

다른 분은 어떻습니까?

Q2

네. 친척이 돌아가신 것은 아직 제가 어렸을 때였으므로 이름은 잘 모릅니다만…….

어머니는 C라고 합니다.

오오카와 류우호오

당신의 어머니?

Q2

네. 15년 정도 알츠하이머를 앓고 계십니다.

오오카와 류우호오

15년 동안, 알츠하이머. (약 15초 동안의 침묵)

이것은 뭔가 영이 둘 정도 씌어 있네요. 뭔가 목에 하나와 머리에 하나 씌어 있는 것이 있습니다. (약 5초 동안의 침묵)

그러나 완전히 타인은 아닐지도 모르겠습니다. 뭔가 관계가 있는 사람일지도 모르겠네요.

Q2

네. 조금 육친과 같은 느낌을 받은 적이 있습니다.

오오카와 류우호오

음, 두 사람이 씌여 있다고 생각됩니다.

이에 대해서는 소위 악령격퇴, 악령성불 계통의 기원을 받지 않으면 안 되겠네요. 그런 것이 와 있습니다.

빙의되면 알츠하이머가 되는 것입니다. 악령에게 빙의되면 치매 상태의 증상이 생겨서 뇌의 지휘명령 계통이 이상해지는 것입니다.

오오카와 류우호오

인생설계대로 임종이 다가온 사람에게 할 수 있는 운명 변경의 범위

그 외는 어떻습니까?

Q2

네. 아버지는 D라고 합니다.

오오카와 류우호오

D씨.

Q2

의사는 문제없다고는 말하지만 '암의 종양 마커의 수치가 조금 높아졌다'라는 말을 듣고 지금은 약을 드시는 상태입니다.

오오카와 류우호오

연세는 어떻게 됩니까?

Q2

65살이 되셨습니다.

오오카와 류우호오

(약 15초 동안의 침묵) 이 사람은 아직 고칠 수 있는 범위 내군요. 고칠 수 있는 범위 내입니다. 아직 고칠 수 있는 범위 내에 들어 있습니다.

그 외에는 어떻습니까? 이제 없습니까?

Q2

남편의 아버지는 E라고 합니다.

오오카와 류우호오

E씨.

Q2

네. 81살입니다만, 요전에 심근경색으로 쓰러져서 일단 심정지를 일으키셨지만 지금은 간신히 회복하여 자택에 돌아오셨습니다.

오오카와 류우호오

81살입니까? (약 10초 동안의 침묵)

음…… 하지만 이분은 임종이 '가깝기'는 가깝네요. 주변 사람으로서는 어느 정도 나으면 좋겠다는 바람입니까?

Q2

네. 솔직히 이제 고령이므로 돌아가시는 시기는 맡기겠습니다만, 될 수 있는 한 괴로움이나 육체적인 고통 등이 없는 상태라면 좋겠다고 바라고 있습니다.

오오카와 류우호오

일단 그 사람의 인생의 설계도로서는 그런 병이 예정되는 시기에 들어와 있군요. 분명히 들어 있습니다.

그 사람에게 운명 변경을 할 이유가 뭐가 있다면 다소 수정은 가능하지만, 시기적으로는 이미 '타깃권' 안에 들어와 있으므로 내가 연장시킬 수 있는 수명의 범위는 3년에서 5년 정도가 됩니다.

그 사람의 수명을 연장시킬 수 있는 이유, 회복되는 쪽이 주변에도 좋은 이유가 있다면 운명 변경을 행할 수 있지만 그 범위는 3년에서 5년 정도라고 생각됩니다.

오오카와 류우호오

선조 대대로 같은 방식으로 죽을 경우에는 빙의된 경우가 많다

인생에는 여러 가지 있지요. 괴롭지요.

암은 유전이라고도 말하지만 아무래도 그렇게 보이지 않는 부분이 역시 많지요.

암의 가계(家系)는 전원이 암으로 죽지요?

확실히 육체적으로는 살쪘다든지 기름진 음식을 좋아한다든지 하는 식생활의 부분 등 가계적, 문화적으로 유전하는 것도 여러 가지로 있습니다.

그러나 대대로 같은 방식으로 죽을 경우에는 역시 유전이라기보다도 '돌아가신 분이 성불하지 못해서 그 영에게 빙의되었기 때문에 같은 방식으로 죽는다'는 경우가 아주 많습니다.

그러니까 '암이 정말로 유전인가 아닌가'에 대해 나는 일정한 의문을 가지고 있고, 대개의 경우 암으로 돌아가신 분의 영이 와 있는 경우가 대부분입니다.

그 경우에는 먼저 그것을 떼어버리는 것부터 시작하지 않으면 안 됩니다. 이것은 원인과 결과의 법칙이므로 그런 것이 다 가오지 않도록 그것과의 친화성을 끊어야만 합니다.

즉, 본인을 어떻게 해서라도 그런 것과 파장이 맞지 않는 상태로 가지고 가는 것이 중요하다고 생각합니다.

인연이 있는 사람을 구할 수 있는 것은 지상에 사는 사람의 덕

그러나 현재 당신은 좋은 느낌이 듭니다. 빛이 강하지 않습니까?

빛이 강해 보이므로 그 일족(一族)을 구해 드리는 사명이 있을지도 모르겠네요. 그런 파워를 느끼니까 필시 당신이 충분히 활약하심으로써 덕이 전해질 것입니다.

예를 들어 '한 사람이 출가하면 구족(九族)이 하늘에 태어난다'라고 하듯이 집안에서 출가자를 한 명 배출하면 조상에서 자손에 걸쳐 9대 정도에까지 그 덕이 전해진다고 합니다. 그것은 반드시 출가는 아니더라도 종교에서 많은 사람들을 도와서 덕을 쌓은 사람의 덕은 역시 그 사람과 인연이 있는 사람에게 전달되어 가는 면이 있습니다.

즉, 그 사람의 덕에 맞게끔 많은 사람을 구할 수 있는 셈이어서, 당신의 덕만큼의 공덕이 주변에서 일어날 것입니다.

예를 들어 ≪병이 나았다!≫라는 책자에는 행복의 과학에서 병이 나았다는 사람의 체험담이 많이 실려 있는데 분명히 말해서 내가 모르는 사람들뿐입니다.

모르는 사람들뿐이므로 '선생님, 감사합니다'라고 누구 한 명도 감사의 말을 하지 않았고 한 푼도 주지 않았지만 일단 병이 나은 것 같다는 보고는 받았습니다.

다만 나의 일은 더욱더 크므로 이런 것으로 일일이 감사의 말을 들을 만한 일은 아니기에 그렇게 되어 있는 것입니다.

자기자신을 로프가 달린 구명구라고 생각해서 덕을 닦을 것

당신 개인으로서의 빛의 양이 상당히 있다고 느껴지므로, 앞으로 덕을 쌓음으로써 그 덕을 나누어 드리면 그것이 반드시 그들에게 부력(浮力)이 되어 갑니다. 나쁜 쪽으로 끌려가려고 하는 힘에 덕은 튜브와 같은 것입니다.

'친족이 던져주는 튜브가 가장 고맙다'라는 것이기에 조상공양이 많은 이유입니다. 역시 우선은 친족을 의지해서 찾아오기 때문에 친족 중에 덕을 가진 사람이 한 명도 없으면 아무도 구할 방도가 없는 셈입니다.

혼자라도 좋으니까 친족 중에서 덕을 닦은 사람이 있다면 그것은 튜브에 로프를 달아서 컴컴한 해면에 던진 것과 같으므로, 돌아가신 분은 그것을 붙잡아서 우선은 가라앉지 않고 올라오는 것이지요.

'우선은 친족을 찾아온다'라는 것은 요컨대 '영계의 진실 등을 잘 모르는 사람들에게는 친족밖에 의지할 사람이 없다'는 것입니다.

오오카와 류우호오에게 도와 달라고 말하며 찾아올 수는 없습니다. 나한테 오려고 했던 영이 우주인에 의해 공중에서 격퇴되어 되돌아가거나 했던 일도 있었습니다. (청중 웃음)

어쨌든 우선은 친족을 찾아오는 일이 많으므로 '친족 중에 덕이 있는 사람이 나온다'는 것은 대단히 좋은 일이지요.

그러니까 그 사람들에게 진리를 전하는 것도 중요하지만, 당신 자신도 한층 더 덕을 쌓음으로써 구제력이 늘어납니다. 그렇게 되면 친족도 구할 수 있고 친족 이외의 분도 구할 수 있게 될 것입니다.

그런 식으로 자기자신을 '로프가 달린 구명구'와 같다고 생각해 주셔도 좋을 것입니다.

'자기 한 사람만이 행복해지는 덕을 가지고서는 충분하지 않다'라는 것입니다. 다른 사람도 구할 수 있을 만큼의 덕을 닦는 것이 중요하며, 당신은 그만큼의 힘을 잠재적으로 가진 분이라고 생각되므로 부디 분발해 주십시오.

암의 인연은 당신의 덕으로 끊어 주십시오. 당신이 있는 곳에서 말이죠.

03

몇 번이나 암에 걸리는 사람의
과거세 리딩

자궁체암의 수술 후 유방암의 가능성을 진단받은 여성

Q3

저는 10년 정도 전부터 암에 걸렸는데 작년 여름에는 자궁체암이 되어 자궁을 전부 적출했습니다. 그리고 최근에는 유방암의 가능성을 진단받았습니다. 저는 오오카와 총재의 책을 읽고 '마음을 바로잡음으로써 스스로 암은 고칠 수 있다'라고 믿고 열심히 노력해 왔습니다만 '뭔가 좋은 일이 일어나지 않을까'라고 생각하면 반드시 암에 걸리고 맙니다.

어떻게 하면 저는 암에서 해방되겠습니까?

오오카와 류우호오

알았습니다. '하나의 암이 나으면 또 다른 암이 생긴다'는 것은 '기동성 암'일텐데 그 이유를 모르면 같은 일이 반복되지요.

그러면 리딩을 해서 이유를 조사해도 좋겠습니까?

Q3

네.

오오카와 류우호오

그 자세로 괜찮습니다. (얼굴 앞에서 좌우의 집게손가락과 엄지손가락을 서로 맞대고 손바닥을 질문자에게 향한다. 약 25초 동안의 침묵) 음, 확실히 뭔가 보이는군요. (약 5초 동안의 침묵)

나도 스캔할 수 있습니다. (왼쪽 손을 내리고 오른손 손바닥만을 질문자에게 향한다. 약 20초 동안의 침묵)

당신에게는 일종의 덕이 있는 것 같습니다.

왜 그런 사람에게 암이 생기고 이동하는 것입니까? (약 20초 동안의 침묵)

나에게는 왠지 무사(武士)의 모습이 보이는군요. 사무라이인데 머리에 머리띠를 매고 하카마(치마와 같은 무사용 하복(下服))를

입고 어깨띠를 맸습니다. 이것은 결투이거나 아니면……. (약 10초 동안의 침묵)

이건 뭐지? 상대는 그런 모습을 하지 않았습니다. (약 10초 동안의 침묵)

이 사람은 정의감이 정말 강하네요. 지금 나에게 보이는 것은 당신이 아니라 소위 사무라이입니다. 등에 십자(十字)로 어깨띠를 매고 하카마를 제치고 칼을 꺼내들고 있습니다.

정의감이 정말 강한 사람인 것 같은데 칼을 뽑아서 사람을 베는 모습이 보이는군요. 상대는 무사가 아닙니다. 마을 사람의 모습을 하였는데 야쿠자(조직폭력배)처럼 보이는 사람입니다. 그런 사람을 베는 모습이 보입니다.

이 사람은 당신과는 어떤 관계가 있습니까? (약 15초 동안의 침묵)

뭔가 정의감에 사로잡혀서 개인적으로 벌하려고 하는군요. 악당이라고 생각되는 사람을, 재판 절차가 아니라 개인으로서 벌하려고 합니다. (약 5초 동안의 침묵)

아마 이것은 돈과 관계가 있다고 생각됩니다. 지금 보이는 상대는 돈을 빌려주었다가 그것을 받으러 돌아다니는 듯한 사람입니다. 사람을 위협해서 돈을 받아내는 사람을 베는 모습이 보입니다.

오오카와 류우호오

정의감이 강한 사무라이의 과거세

이 사무라이는 아마도 당신의 과거세의 일면일 것이라고 생각되는군요.

이 사무라이한테서는 대단히 강한 정의감을 느낍니다. 어떻습니까? 당신은 정의감이 강하지 않습니까?

Q3

저 말입니까? 네.

오오카와 류우호오

강하지요? 그러므로 상대를 용서할 수 없어서 벌하려고 하는 것입니다.

벌을 내린 다음에는 어떻게 되었을까. 그것으로 끝나지는 않았을 테고 아마 그 다음이 있었을 것입니다.

음. 또 그 다음에 다른 상대가 나타났군요……. 마치 시대극이라도 보는 것 같습니다.

알았습니다. 당신이 암에 걸린 원인은 '과거세에서 일본도(日本刀)로 사람을 벤 것'입니다. 그것이 원인입니다. 따라서 벤 인원수만큼 암이 생깁니다.

그럼 몇 명이나 베었습니까? 지금 한 명째로 마을 사람을 베는 것이 보였습니다. 그 다음에 두 명째는 마을 사람이 아닌 장면이 보이는데, 이쪽은 조금 신변 보호인과 같은 타입의 사람이라고 할까요? 그렇다면 대부업의 두목은 더 깊은 곳에 있을 것으로 생각됩니다.

지금 단계에서는 어디까지 했는지는 모르지만, 아마도 당신이 벤 인원수만큼 암이 생길 것입니다.

그러나 그렇게 대량으로 베지는 못했다고 생각되므로, 두 명으로 끝이라고 생각됩니다. (질문자에게 향하던 손을 내린다)

오오카와 류우호오
외과수술을 받음으로써 카르마를 거두어들이고 있다

과거세에서 칼부림을 일으켰을 경우에는 카르마로서 외과에 관계되는 병이 생기기 쉽습니다. 이것은 반드시 '선인인가, 악인인가'와는 관계가 없는 경우가 있습니다. '선인이기에 병에 걸리지 않는다. 악인이니까 병에 걸린다'라는 것은 아닙니다.

과거 싸움으로 사람을 죽일 수 있는 시대는 얼마든지 있었으므로, 태어난 시대에 따라서는 싫고 좋음에 관계없이 칼부림 등에 말려들 수도 있습니다. 그러면 다시 태어났을 때에 외과수술을 받는 병에 자주 걸릴 수 있습니다. 우리 아버지도 다소 그런 면은 있었는데 그와 같이 '베인다'는 장면이 '인생의 문제집' 속에 들어간 경우가 있습니다.

그러니까 당신이 암에 걸린 원인은 '과거세에서 일본도로 사람을 베었다'는 것입니다. 그러나 사람을 벤 것은 당신이 악인이기 때문은 아닙니다. 당신은 정의의 마음에서 대단히 의분에 불타올라 사건에 임했으므로, 아마도 무언가의 부정이 있었는데도 그 부정이 바로잡아지지 않았다고 생각됩니다. 그래서 당신은 의분에 떠는 마음으로 벌을 주었을 것입니다.

벌을 주는 형태로 베었던 인원 수는 지금 리딩한 것으로는 두 사람 째를 베려고 하는 장면까지는 볼 수 있었지만, 그 뒤에는 두목이 있으므로 마지막에는 어디까지 갔는지는 알 수 없습니다. 다만 두 명 이상은 가지 않았다고 나는 생각합니다. 아마도 그 부근까지겠지요.

금생에 닦아야 할 덕은 관용

지금 당신이 암에 걸린 이유를 살피기 위해 과거세의 리딩(병 리딩)을 했는데, 이것은 카르마 리딩에도 해당하는 것입니다.

요컨대 칼을 써서 사람을 상처 입히거나 했을 경우에는 외과수술을 받는 카르마가 자주 나타나므로 당신의 경우도 그것이 원인일 것입니다.

당신은 대단히 정의감이 강한 분이며 기본적으로는 착한 사람이라고 생각됩니다. 다만 악을 증오하는 마음이 격하여 그 부분을 추궁하는 마음이 남자 이상으로 엄격한 면이 있을 것입니다. 그런 혼의 경향이 금생에도 나와 있을 것입니다.

다만 과거세에 대해서는 금생에 책임을 질 수 있는 것은 아니겠지요. 현대는 칼의 시대는 아니므로 그렇게 할 수는 없을 것입니다.

따라서 지금 당신이 해야 할 것으로서는 만일 칼을 대신해서 말로 사람을 베고 있다면 그 부분에서 한층 더 '정어(正語)*'의 가르침을 지키고 말을 가다듬을 일입니다.

나아가 단순히 마이너스의 부분을 지울 뿐만 아니라 플러스

정어(正語) : ≪불교≫ 팔정도의 하나. 사제(四諦)의 진리를 깨달아 정견(正見)에 맞는 바른 말만을 하는 것

의 면으로서 새로운 일면을 개척해 가는 것이 중요하지 않겠습니까?

정의감이 강한 분이 그 반면으로서 닦아야 할 덕은 '관용'이며, 역시 사람을 받아들이는 그릇을 크게 하는 것이 중요합니다.

이제부터는 관용을 한층 더 넓히는 것과 정어, 즉 말을 가다듬는 것을 명심해 주십시오.

사람에게 선인인가, 악인인가라는 분명한 구별을 짓고 싶은 마음이 있겠지만, 사람에게는 각각 다른 사람들에게는 보이지 않는 면이 있습니다. 앞으로는 그 보이지 않는 면도 보도록 노력할 일입니다. 그것이 반드시 당신의 덕을 향상하는 데로 이어집니다.

현재 해야 할 일은 지금 말한 것과 같습니다. 그러니까 지금은 과거세의 사건 자체를 이러니저러니 할 필요는 없다고 생각합니다.

자비의 마음, 사랑의 마음으로 이동하는 것이 중요

사람은 이 세상에 태어나기 전에 자신의 인생계획에 무언가 그와 같은 '카르마의 거두어들임'을 흔히 기입하는 법입니다. '자신으로서는 이번 인생에서 이 부분의 죄를 씻고 싶다'라고 바랄 때에 인생계획 안에 병을 넣는 일이 있습니다.

이번에 리딩을 해서 확실하게 보였던 것은 사무라이가 사람을 베는 모습이었습니다. 그것이 원인이라고 생각하는데, 금생의 당신과는 직접 관계가 없는 일입니다.

지금의 당신이 할 수 있는 일은 한층 더 심경을 높여서 부드러운 사람이 되어 '관대한 마음'을 기르는 일입니다. 정의감이 강한 것은 좋은 일이지만, 앞으로는 '자비의 마음, 사랑의 마음'이라는 방향으로 좀 더 이동하는 것이 중요합니다. 그것을 명심하면 거기에서 암은 멈춥니다.

본 리딩 후, 암의 전이가 멈춘 체험을 본서 권말에 게재 (CASE 2)

후기

　현대인은 의사의 치료와 약으로 병이 낫는다고 믿으므로, 내 말만 듣고 주먹 크기의 암이 사라지거나 지부에서 내가 그 사람 옆을 지나가기만 했는데도 불치병이 낫거나 하는 것을 알면 놀라고 말 것이다. 새롭게 지부정사가 만들어졌기에 방문했더니 올 때는 오랫동안 지팡이 신세를 지던 노인이 돌아가는 길에는 지팡이를 버리고 부리나케 걸어갔다고 하는 이야기도 계속해서 나온다. 간혹 행복의 과학 영화를 보기만 했는데도 병이 나은 사람도 나왔다.

　나는 현대적 교육을 받은 합리적인 인간이다. 속임수나 잔꾀는 일절 부리지 않는다. '기적'으로 보이는 것은 본인이나 주변 사람들이 '신앙의 힘'을 아직 모를 뿐이다. 기독교의 개조(開祖)인 예수가 그만큼 병을 고칠 수 있었다면, 그 영적인 아버지인 엘 칸타아레는 얼마만큼의 위업을 이룰 수 있는지, 상상만 해봐도 알 수 있다.

한편, 본서의 지침은 의사나 간호사에게도 사용할 수 있으므로 병원에서 병용해 주셔도 좋다.

2014년 8월 2일

행복의 과학 그룹 창시자 겸 총재 **오오카와 류우호오**

신앙의 힘으로 병이 나았다!

'기적체험'이 속출

행복의 과학에서는 '병이 나았다!'는 기적체험이
전국에서 잇달아 몰려오고 있습니다.
신앙의 힘으로 인생의 문제를 극복한 체험을 소개합니다.

본서 제4장에서 질문자 분의 뒷이야기… CASE 1
마음을 바꾸었더니 차남의 아토피가 나았다!

M·T씨 (도쿄도)

차남은 생후 2개월부터 아토피가 생겨 대학생이 되어도 심한 증상이 계속되고 있었습니다. 과감하게 질문드렸더니 오오카와 류우호오 총재님은 저와 차남의 성격이나 인생계획 등을 리딩하셔서 마음의 모습 등을 조언해 주셨습니다. 그 말씀대로 마음을 바꿀 노력을 계속했더니 차남의 아토피가 점점 나았고, 온 몸의 피부에 윤기가 도는 상태까지 회복되었습니다. 지금은 거의 완쾌되었습니다. 진심으로 감사드립니다.

　★ 이 체험은 'What's 행복의 과학' vol. 60에 게재되었습니다.

본서 제4장에서 질문한 분의 뒷이야기… CASE 2
과거세 리딩에서 암의 전이가 멈췄다!

N・I씨 (카나가와 현)

저는 십 년 동안이나 암의 전이로 고민해 왔습니다. 오오카와 선생님의 리딩에서 암의 원인은 제 과거세에 있다고 밝혀졌고 금생은 '정의감'뿐만 아니라 '자비의 마음'을 중시하라는 조언을 해주셨습니다. 리딩을 하시는 동안 환부가 따뜻해지는 신비한 체험을 했습니다. 그 후의 검진에서는 가슴에 있었던 암의 그림자가 사라졌으며 전이도 딱 멈췄습니다. 기적을 주셔서 어떻게 감사를 드려야 할지 모르겠습니다.

　★ 이 체험은 'What's 행복의 과학' vol. 60에 게재되었습니다.

본서 제3장에서 소개된 사례 CASE 3
우주인 리딩으로 아토피가 고쳐졌다!

K·K씨 (도쿄도)

저는 5살 때부터 아토피에 의한 고통과 가려움으로 고민하고 있었습니다만, 2011년 8월에 전환기가 찾아왔습니다. 오오카와 선생님의 리딩에 의해 놀랍게도 저는 '과거에 화성이라는 별의 땅 속에 사는 사람이었다'는 것을 알게 되었습니다. 게다가 '터널을 뚫는 듯한 돌파력을 느낀다'라고 격려해 주셔서 저는 '있는 그대로의 자기자신'을 받아들일 수 있게 되어 행복한 느낌과 감사로 충만되었습니다. 그 후 바로 엉망이었던 피부가 매끈매끈해졌습니다.

★ 이 체험은 '더 전도' 제177호에 게재되었습니다.

CASE 4
9센티미터 크기의 말기 유방암이 완치!

K·K씨 (카나가와 현)

몇 년 전, 말기 유방암으로 여명 4개월이라고 선고받은 저는, 오오카와 선생님의 법화를 배청하여 '암은 자신의 마음이 만든 것. 마음의 힘으로 고치자'라고 결심. 반성·감사·정진·기도를 실천했더니 9센티미터나 되었던 큰 암이 작아지기 시작했습니다. 그 후 '암세포 소멸 기원'을 받았는데, 기원 후의 검사에서 암세포는 깨끗하게 사라진 상태였습니다.

★ 이 체험은 '병이 나았다!'에 게재되었습니다.

본서 제3장에 나온 질문자의 사례 CASE 5
기원을 받고 점점 건강해졌다!

H씨 70대 남성(후쿠이 현)

제 경우, 하코네 정사의 '건강배증 기원'을 받았더니 혈당치가 뚝 떨어졌기에 놀라웠습니다. 협심증이라고 알았을 때에도 막힌 혈관 옆에 자연스럽게 우회 혈관이 생겨서 살았습니다. 의사는 '우회 혈관이 생기지 않았으면 99% 죽었다'라는 말을 듣고, 이것도 기원 덕택이라고 느끼며 감사하고 있습니다.

★ 이 체험은 'What's 행복의 과학' vol. 60에 게재되었습니다.

CASE 6
죽음의 늪에서 기적적인 생환!

K・F씨 (오카야마 현)

말기암으로 고생하는 아내를 간병하던 어느 날, 아는 사람한테서 '이것을 읽으면 좋아요. 부인도 반드시 건강해질 것입니다'라고 『입회판 '정심법어'』를 독송하라고 권유받았습니다. 읽기 시작한지 8일 째. 그때까지 '죽는 게 낫다'고 나약한 말만 하던 아내가 갑자기 식욕을 되찾았습니다. 그리고 눈 깜짝할 사이에 회복하여 1개월 후에는 바로 퇴원한 것입니다. 정말로 회생한 것처럼 회복한 모습에 의사도 '기적이다'라고 놀라고 있었습니다. 괴로운 투병 생활이었습니다만 이것도 신앙을 만나기 위한 계기였을지도 모르겠습니다. 그 후는 매일 빠짐없이 정심법어를 독송하고 있습니다.

★ 이 체험은 '병이 나았다!'에 게재되었습니다.

본서는 아래의 설법과 질의응답을 정리하여 가필한 것입니다.

제1장 병을 고치는 마음의 힘

≪기적의 암 극복법≫강의

2011년 2월 6일 설법

카나가와 현・요코하마 토즈카(戶塚) 지부정사

제2장 병과 카르마・영적 장애에 대하여

2006년 10월 24일 설법

도쿄도・종합본부

제3장 병에 관한 질의응답

1. 신앙의 기적으로 협심증이 나았다

   2013년 1월 27일 설법

   도치기 현・총본산 정심관

2. 가까운 사람이 백혈병, 지방육종, 자궁암이 걸렸다

   2011년 2월 6일 설법

   카나가와 현・요코하마 토즈카 지부정사

3. 간호사에게 필요한 말의 힘이란

　　2011년 4월 10일 설법

　　오카야마 현·오카야마 히가시(岡山東) 지부정사

4. ≪불설 정심법어≫에 의한 병 치유의 기적

　　2010년 2월 21일 설법

　　도쿠시마 현·나루토(鳴門) 지부정사

제4장 병 리딩

1. 아토피로 고민하는 남성을 리딩

　　2011년 10월 23일 설법

　　도쿄도·도쿄 정심관

2. 알츠하이머병과 암에 걸린 친족 5명을 리딩

　　2011년 2월 6일 설법

　　카나가와 현·요코하마 토즈카 지부정사

3. 몇 번이나 암에 걸리는 사람의 과거세 리딩(위와 같음)

『더 힐링 파워』 오오카와 류우호오 저작 관련 서적

≪기적의 암 극복법≫ (행복의 과학 출판 간행)

≪평생 현역인생≫ (위와 같음)

≪진실에 대한 깨달음≫ (위와 같음)

≪마음과 몸의 진정한 관계≫ (위와 같음)

※ 아래 서적은 서점에서는 취급하지 않습니다.
　가까운 정사·지부·거점에 문의해 주십시오.

≪이차원 파워에 눈을 떠라≫ (종교법인 행복의 과학 간행)

≪오오카와 류우호오 영언전집 제1권 니치지(日持)의 영언 / 니치렌의 영언≫ (위와 같음)

≪오오카와 류우호오 영언전집 제2권 니치렌의 영언≫ (위와 같음)

≪오오카와 류우호오 영언전집 제9권 소크라테스의 영언 / 칸트의 영언≫ (위와 같음)

2014년 8월 25일 초판

2014년 9월 18일 2쇄

2014년 9월 24일 3쇄

2014년 9월 30일 4쇄

2014년 10월 28일 5쇄

행복의 과학의 근본경전인 '불설 정심법어'의 공덕

≪불설 정심법어≫는 행복의 과학의 근본경전입니다.
이 경전을 이해하기 위해서 수많은 법이 설해져 있습니다.
세계에서 이 경전을 읽고 여러 가지 기적이 일어나고 있습니다.

≪불설 정심법어≫란 어떤 경전?

*〈진리의 말씀 '정심법어'〉를 비롯한 7개의 경전이 수록되어 있습니다.

*전편이 불타의식으로 지어져서 〈법화경〉이나 〈반야심경〉의 1만 배의 공덕이 있는 고귀한 경전입니다.

*행복의 과학에 입회하고 '삼보귀의'를 한 '삼보귀의자'에게만 수여합니다.

행복의 과학은 현대인의 고민과 문제를 풀어줄 수 있는 현대인의 종교이다. 몇천 년 전에 설해졌던 종교는 시대의 변천과 더불어 퇴색되어 가기 때문에 새로운 종교가 출현하여 새로운 가르침과 새로운 문명을 만들어 가는 것이다.

행복의 과학의 기본 가르침은 '올바른 마음의 탐구'로서 현대의 사정도(四正道)인 '사랑·지·반성·발전'의 실천을 통해 사람들에게 행복을 전하고, 전 세계를 유토피아화 할 것을 지향한다.

행복의 과학에서는 매주 다양한 세미나를 개최하고 있으며 누구나 참가 가능하다. (참가문의는 행복의 과학 02-3478-8777, 월요일 휴관)

1. 명상 세미나(발전, 번영 명상 / 치유의 명상 / 태양의 명상 / 우주즉아의 명상 / 달의 명상 등)
2. 원만한 인간관계 세미나
3. 성공철학 세미나
4. 마음의 법칙과 건강 세미나
5. 깨달음, 사후의 세계
6. 행복의 과학 영화 상영회

이 책에 대한 문의는 아래 연락처로 해 주십시오
행복의 과학
주소 : 서울시 동작구 사당로 27길 74(사당 3동)
전화 : 02-3478-8777 팩스 : 02-3478-9777
행복의 과학 공식 홈페이지 : http://happy-science.jp/
태양의 시대 블로그 : blog.naver.com/dhihsp11

행복의 과학 번역 서적 안내

법 시리즈
- ★≪태양의 법≫ 지구의 창세기와 문명, 그리고 미래 3천 년의 문명
  엘 칸타아레의 길
- ★≪황금의 법≫ 위인들의 전생윤회와 인류의 역사
  엘 칸타아레의 역사관
- ★≪영원의 법≫ 영적인 세계의 차원구조와 의미
  엘 칸타아레의 세계관
- ★≪행복의 법≫ 인간을 행복하게 하는 4가지 원리
- ★≪성공의 법≫ 진정한 엘리트를 향한 길
- ★≪용기의 법≫ 인간에게 실패와 좌절은 어떤 의미가 있는 것인가?
- ★≪미래의 법≫ 당신의 마음 속에 잠재된 무한한 힘으로 미래를 열어가라
- ★≪인내의 법≫ 인내는 성공으로 인도하는 최대의 무기

자기 계발 및 인생론 시리즈
- ★≪스트레스 프리 행복론≫ 일이나 가정, 인간관계에서 행복해지는 길
- ★≪영원한 생명의 세계≫ 사람은 죽으면 어떻게 되는가?
- ★≪석가의 본심≫ 되살아나는 붇타의 깨달음
- ★≪아임파인≫ 산뜻하고 자신 있게 사는 방법
- ★≪하우 어바웃 유≫ 자연스런 자신의 모습으로 산뜻하게 살아가는 7개의 스텝
- ★≪불황을 완벽하게 타개하는 법칙≫ 불황에서 이기는 방법
- ★≪진실에 대한 깨달음≫ 참된 진리를 알 수 있는 입문서

영언 시리즈
- ★≪러시아 신임대통령 푸틴과 제국의 미래≫
- ★≪북한 종말의 시작 영적 진실의 충격≫
- ★≪세계 황제를 노리는 남자 시진핑의 본심에 다가서다≫
- ★≪한국 이명박 대통령의 영적 메시지≫
- ★≪북한과의 충돌을 예견한다≫
- ★≪김정은의 본심에 다가서다≫

더 힐링파워

2015년 7월 20일 제1판 1쇄 발행

지은이 / 오오카와 류우호오
펴낸이 / 강선희
펴낸곳 / 가림출판사

등록 / 1992. 10. 6. 제 4-191호
주소 / 서울시 광진구 능동로 334(중곡동) 경남빌딩 5층
대표전화 / 02)458-6451 팩스 / 02)458-6450
홈페이지 / www.galim.co.kr
전자우편 / galim@galim.co.kr

값 12,000원

ⓒ 오오카와 류우호오, 2015

저자와의 협의하에 인지를 생략합니다.

불법복사는 지적재산을 훔치는 범죄행위입니다.
저작권법 제97조의5(권리의 침해죄)에 따라 위반자는 5년 이하의 징역
또는 5천만원 이하의 벌금에 처하거나 이를 병과할 수 있습니다.

ISBN 978-89-7895-392-4 13320